Der Zeitgeist

Drama der Menschheit
in 2 Akten

Originalausgabe 2015

Urversion aus dem Jahre 2002/ Überarbeitung 2013

© Michael Eisner

Alle Rechte vorbehalten – printed in Deutschland

ISBN 978-3-7347-4457-0

Herstellung und Verlag: BoD - Books on Demand, Norderstedt

Dieses Buch ist jenen gewidmet,
die nicht schweigen wenn es laut wird.

...denn der Wert ist nur soviel wert –
wie sein Verfall es zulässt...

5 Personen

1. Person = Gastgeber
2. Person = Gastgeberin
3. Person = Gast
4. Person = Gästin
5. Person = Zeitgeist/Redner

Ort der Handlung: Wohnzimmer

Charakterbild der Darsteller/Bekleidung,
Requisiten, Index: Siehe Anhang

Kurzbeschreibung/Handlung

Das Stück spielt in einem Wohnzimmer. Die Küche und das Schlafzimmer bleiben imaginär.
Zur besseren Identifikation mit den verschiedenen Charakteren, wurde gänzlich auf Namen verzichtet.

Zwei miteinander befreundete Ehepaare, durchleben während eines gemeinsamen Abendessens, im Zeitraffer die Jahrzehnte ihrer Zeit und ihres Lebens. Das Essen erstreckt sich in einem Zeitraum vom Ende des 2. Weltkrieges bis über die Gegenwart hinaus. Die Charaktere altern nicht physisch, sondern sind nur stellvertretende Platzhalter für die fortschreitende, sich langsam verändernde Zeit mit dem damit zusammenhängenden Werteverfall in unserer Gesellschaft. Dies gilt, je nach Veranlagung der Charaktere für sie selbst und für den sich kontinuierlich verändernden Zeitgeist.
Der in diesem Stück personifizierte „Zeitgeist", dient hauptsächlich dem Zuseher zur besseren Orientierung geschichtlicher Anhaltspunkte, damit erkennbar wird, in welcher Zeit das Stück gerade spielt.
Der lange vermisste, lang ersehnte ethische Wert, beginnt nach dem 2. Weltkrieg mit der bescheidenen Hoffnung, auf eine schönere, glücklichere Zukunft. Schließlich endet die Ethik des Individuums jedoch wieder, der Natur des Menschen entsprechend, in einem sich durch Neid, Gier und Maßlosigkeit anbahnenden Chaos. Die Zukunft wirft wieder ihre Schatten voraus ...

1. Akt

So lasset es beginnen das Spiel – wider die menschliche Vernunft.

Der Vorhang öffnet sich. Das Wohnzimmer ist in völlige Dunkelheit gehüllt. Bis auf einige wenige Kleidungsstücke und einem geöffneten Koffer, der auf dem Boden liegt, ist aufgeräumt.
Der "Zeitgeist" begibt sich an den Rand der Bühne.

Der Zeitgeist sieht zärtlich, nachdenklich auf seine vorsichtig, halb geöffnete Handinnenfläche, wie wenn er ein Vogerl darin verbergen würde. Seine Hand verbleibt in dieser Stellung.

Zeitgeist

Was ist das?
Es liegt an deinem Blick – ob er hasst – oder liebt,
es liegt an deinem Mund – ob er spricht – oder nicht,
es liegt an deinem Gang – ob er ist – oder nimmt.
Und doch – es liegt in deiner Hand – ob er lebt
hebt die rechte, halb geöffnete Hand, sieht hinein,
oder - ballt die Hand – stirbt,
ob dein Herz vor Wonne schreit – oder im Eis erstickt.

Wenn man ihn hat, so halte man ihn fest –
führt eine Aufwärtsbewegung aus, wie wenn er das Vogerl fliegen lassen würde
sonst ist er weg – wie ein Vogerl, sieht ihm weiter nach, und es müsste einem Flügel wachsen um ihn wieder einzuholen – einzuholen – einzuholen.
(Anm. Gemeint ist hier der ethische, moralische Wert, also das Gute in jedem einzelnen Menschen.)
Dunkelheit. Der Redner, alias Zeitgeist, begibt sich auf seinen für ihn vorgesehenen Stehplatz. (Optional könnte er ihn, bis zu

seinem nächsten Erscheinen auch verlassen.) Das Bühnenlicht geht langsam an.

Gastgeberin kommt auf die Bühne, bekleidet mit einem alten Unterhemd aus den 40iger Jahren.
Sie geht zum Zeitgeist und schaltet ihn mit einem leichten Schlag auf die rechte Schulter ein, geht ins Schlafzimmer.

Der Zeitgeist nimmt sofort nach dem Einschalten seinen Hut ab.

Zeitgeist: Dr. Karl Renner, von den Sowjets als Staatskanzler betraut, erklärte durch die provisorische Staatsregierung, die Unabhängigkeit Österreichs. Heute wurde im Parlament durch unseren Staatskanzler, die 2te Republik proklamiert.
Setzt seinen Hut wieder auf.
Gastgeberin kommt ins Wohnzimmer, schnappt ihr Kleid, das über einem Sessel gehangen ist, ruft in Rgt. Schlafzimmer.

Gastgeberin: Schaa-atz – beeilst du dich, wir haben nicht mehr viel Zeit. Und vergiss bitte endlich die Vergangenheit, du weißt ja selbst wie schwer es dein Freund damals hatte.
Geht in die Küche.
Gastgeber kommt herein, sich die Krawatte bindend, sein Sakko suchend.
Anm. Bekleidung der Zeit entsprechend abgetragen, passt farblich nicht zusammen. Sakko auf dem Sofa.

Gastgeber: Er ist nicht mein Freund und wird es auch nicht werden.

Gastgeberin: Kommt herein, hilft ihm die Krawatte zu binden. Hätten wir ihn nicht gehabt, würden wir noch immer in einem unwürdigen Zustand wohnen.

Gastgeber: Ja, aber er ist ein Opportunist. Obwohl wenn ich so überleg, jeder Mensch ist göttlich aber nicht jeder handelt danach.

Gastgeberin: Und wie definierst du Freundschaft? Durch dein Wort oder durch dein Handeln? Weiß Gott, wo du heute wärst wenn er dir damals nicht geholfen hätte. Hör auf zu philosophieren, sei so lieb und mach mir das Kleid zu.

Gastgeber: Jaja ich weiß, man braucht fremde Abgründe um von den eigenen abzulenken. Wenn ich nicht einen falschen Eid geleistet hätte, dann wüsste ich jetzt wo er wäre, nämlich in Sibirien.

Gastgeberin: Wer ist schon vollkommen? Auf jeden Fall war er immer ein Mann der Tat.

Gastgeber: Du sagst es, wortwörtlich - und zwar in Tateinheit Frau Sturmbannführer.

Gastgeberin: Bückt sich, schließt den Koffer. Sei nicht so dumm. Es war eine schreckliche Zeit.

Gastgeber: Ich verzichte gerne auf eine Zeit in der der Mensch sich darin übt, seine Menschlichkeit zu verlieren. Eine Zeit der Geister, der Zeitgeist der moralischen Wort- und Wertlosigkeiten.

Gastgeberin: Jetzt hör endlich auf mit der Klugscheißerei.
Sag, glaubst du das wirklich was sie so erzählen?

Gastgeber: Was meinst du?

Gastgeberin: Das mit den Lagern, das kann nicht sein. Dann wäre der Glaube an alles Menschliche sinnlos. Der Glaube? Man sagt er kann Berge versetzen. Aber Berge der Unmenschlichkeit? Nein Hirngespinste. Jetzt heißt es nach vorne zu blicken. Jetzt haben wir endlich eine Chance unsere Zukunft menschenwürdiger zu gestalten, aus der Vergangenheit zu lernen.

Gastgeber: Da hast du Recht ... Er nimmt seine Frau liebevoll-geil in die Arme, drängt sie zärtlich zum Esstisch, sodass sie mit gespreizten Beinen darauf zu sitzen kommt. Seinen Händen freien Lauf lassend. ... und wir sollten gleich damit anfangen, küsst sie leidenschaftlich, etwas Gutes zu tun.

Gastgeberin: Zart widersetzend. Du meinst etwas Gutes für dich zu tun.

Gastgeber: Singend Kann denn Liiebe Sünde seeiin...

Gastgeberin: Schatz bitte lass das, sie können jeden Moment kommen.

Gastgeber: Versucht sie abermals zu küssen. Ich weiß, ich auch.

Gastgeberin: Stößt ihn nun liebevoll aber entschieden von sich.

Lass das! Nicht jetzt!

Beide stehen wieder, sie richtet ihr Kleid, geht zum Sofa, nimmt sein Sakko und ist ihm beim Anziehen behilflich.

Du geiler Bock du!

Gastgeber: Klopft ihr auf den Hintern. Genau!

Gastgeberin: Ergreift den Koffer, geht ins Schlafzimmer, kommt zurück in Rtg. Küche gehend.

Was stehst du so herum, hilf mir lieber!

Gastgeber: Jaja schon gut. Geht in die Küche.

Geschirr klappert, beide kommen zurück mit nicht zusammenpassenden Heferln und kleinen Tellern.

Gastgeberin: Woher hast du eigentlich den Kaffee bekommen?

Gastgeber: Da war mir noch ein russischer Soldat was schuldig. Na sdorowje Towarischtsch.

Gastgeberin: Männer! Und überhaupt, vor dem Essen ein Kaffee? Das passt ja gar nicht. Weißt du nicht, dass vor dem Essen ein Aperitif gereicht wird.

Gastgeber: Kannst du mir auch sagen woher ich den bekommen soll? Der Fetzen hier, zupft an ihrem Kleid, hat fast unsere ganze Rationierung gekostet. Ich möchte wissen was wir die nächste Zeit essen werden. Zupft wieder daran. Soll ich vielleicht da reinbeißen ... oder soll ich dich fressen?

Gastgeberin: Lass das. Den Fetzen, wie du ihn zu nennen pflegst, brauche ich oder soll ich vielleicht vor unseren Gästen nackt herumlaufen? Und überhaupt, dein Freund hätte es mit Leichtigkeit geschafft mir ein paar ordentliche Kleider zu beschaffen.

Gastgeber: Ich möchte aber nicht wissen wie?
Ergreift sie an beiden Händen, zieht sie zum Sofatisch. Hält ihre Hände, Blick auf ihre Hände.
Siehst du das?

Gastgeberin: Was?

Gastgeber: Deine Hände.

Gastgeberin: Ja – und?

Gastgeber: Begreifst du denn nicht! Wichtig ist, dass wir diesen Wahnsinn überlebt haben, dass wir uns haben und nicht diesen Fummel.

Gastgeberin: Zieht ihn an sich, Bussi, streichelt seine Wange.
Ich sollte zufrieden sein, dass ich dich habe, du hast immer zu mir gehalten. Wenn ich verzweifelt war, hast du mich mit deinem Lächeln verzaubert und wenn das Schicksal seine Hand nach mir ausstreckte, hast du mir etwas von deiner Kraft geschenkt. Du stelltest dich vor mich, wenn ich nicht mehr weiter wusste, nicht mehr weiter konnte. Dann hast du meine Hand genommen und mich wieder zurückgeführt ins Leben, mir Hoffnung gegeben. Ja, da hast du Recht. Wir

sollten froh sein, dass wir beide noch gesund sind und einander haben.

Gastgeber: So Schatz und jetzt wird es Zeit, dass sie uns den Kaffee kredenzt.

Gastgeberin: Sehr wohl, wie Eurer Durchlaucht belieben.

Geht ab in die Küche.

Gastgeber: Eurer Durchlaucht wünschen noch etwas ganz anderes.

Gastgeberin: *Aus der Küche.* Das würde dir so passen, träum weiter.

Gastgeber: *Eilt in die Küche, sie quietscht auf, er kommt wieder langsam mit einem zufriedenen Lächeln zurück.*

Es war sehr schön, es hat mich sehr gefreut.

Gastgeberin: *Aus der Küche. Kommt mit einer Kaffeekanne zurück, stellt sie auf den Tisch.*

Weißt du mein Schatz, dein Freund hat so eine liebe Frau an seiner Seite gar nicht verdient.

Gastgeber: Wieso?

Gastgeberin: Wieso-wieso. Er ist doch ein egoistischer, sexistischer Blender.

Gastgeber: *Letzte Kleidungsstücke zusammenräumend.*

Aha auf einmal. Schön, dass du das auch endlich erkennst.

Verbringt die Kleider ins Schlafzimmer, kommt zurück.

Obwohl sie doch ein kleines Tschopperl ist.

Gastgeberin: Warum?

Gastgeber: Ich weiß nicht warum sie sich das alles gefallen lässt? Meines Wissens kommt sie aus einer gut situierten, alt eingesessenen, aristokratischen Familie. Die hätte es nicht notwendig sich mit so jemandem einzulassen. Und ohne Partei wäre er sowieso ein Niemand geblieben.

Gastgeberin: Aristokratisch schon aber ohne ihn wäre alles verloren gewesen.

Gastgeber: Das mag schon sein aber ohne ihren familiären Einfluss, hätte er bei der Schulbildung wohl nie so eine Position erreicht.

Gastgeberin: Eine überaus nützliche Symbiose also.

Gastgeber: Naja – für ihn vielleicht. Dass diese gebildete Frau so einen egoistischen Patriarchen überhaupt aushält. Theatralisch Im Gegensatz zu mir – ich denke, also bin ich ...in Pose setzend, Heiligenschein, ... der Chef sozusagen.

Gastgeberin: Schatzi auch ich denke das du bist - und zwar ein Träumer.

Gastgeber: Sagte die Maus zum Kater.

Er jagt sie um den Tisch herum, beide quietschend, lachend. Er fängt sie, sie umarmen und küssen sich. Ihr Kopf liegt zufrieden an seiner Schulter, nachdenklich.

Gastgeberin: Wenn du ganz brav bist, darfst du mir vielleicht nachher das Fell ausziehen, schnurrr.

Gastgeber: Er streicht ihr durch die Haare, packt sie, beugt ihren Kopf nach hinten.

Wer redet vom Ausziehen? Ich werde es dir vom Körper reißen. Küsst sie. Ich liebe dich mein Schatz.

Gastgeberin: Ich auch. Kuscheln Du Schatz.

Gastgeber: Ja.

Gastgeberin: Könnte es sein, dass der Tod die Liebe selbst ist? Ohne Erinnerung an die Endlichkeit, wäre das Leben doch leer? Man würde einfach nur in den Tag hineinleben.

Gastgeber: Wie kommstn jetzt darauf?

Gastgeberin: Ach nur so. Wenn jetzt der Tod käme, würde ich ihn mit lächelndem Herzen empfangen.

Gastgeber: Ich auch, dann wäre ich dich endlich los, hahaha.
Sie trommelt mit ihren Fäusten an seine Brust.

Gastgeberin: Du Schuft du. *Hört auf, nachdenklich.* Sag, glaubst du auch daran, dass sie noch leben?

Gastgeber: Wer?

Gastgeberin: Die Weinbergs die über uns gewohnt haben. Sag, das waren doch ,Juden?

Gastgeber: Ja, das waren sie. Wie die Gestapo sie abgeholt und die Stufen hinuntergetrieben hat. Wie Tiere.

Gastgeberin: Hat sich dein Freund damals nicht für sie eingesetzt?

Gastgeber: Ich sagte dir schon einmal, er ist nicht mein Freund. Er hat mir jedenfalls erzählt, sich für die Weinbergs eingesetzt zu haben. Und wenn ich so überleg, war es doch sehr edel von ihm, bei der Übersiedlung zu helfen. Vielleicht hat er doch einen guten Kern und überspielt seinen wahren Charakter nur mit seinem martialischen Auftreten. Vielleicht haben wir uns in ihm getäuscht. Habe ich mich in ihm getäuscht?

Gastgeberin: Jede Zeit, jedes Volk braucht seine Helden, damit es nicht von der Geschichte verschluckt wird.

Gastgeber: Was isn das für ein Schwachsinn. Erstens hat dies nichts mit Heldentum zu tun und zweitens war er nie einer, auch wenn er gerne einer wäre und so tut als ob. Ich wette mit dir, der hat die Front nie gesehen.

Gastgeberin: Also sich mit der Gestapo anzulegen war schon heldenhaft. Dass die ihn nicht geradewegs in eine Strafkompanie geschickt haben, wundert mich heute noch. Und du red nicht, du hast dich auch gedrückt.

Gastgeber:	Ja was weiß denn ich, frag ihn doch selber. Und was mich betrifft, war das etwas anderes. Ich war System Erhalter und außerdem möchte ich nicht auf einen anderen Menschen schießen. Nie. Im Krieg sind doch alle Opfer. Alle arme Schweine, an die Front geschickt um zu krepieren. Das ich nicht lache, Verteidigung der Heimat. Ja, vielleicht in den letzten beiden Kriegsjahren, aber warum hatte man es auch soweit kommen lassen? Ich frage mich, warum Hierarchie in unserer ach so aufgeklärten Zeit, so ohne weiteres funktioniert. Gebildete Menschen lassen sich doch nicht so leicht in einen Krieg hineinziehen. Außer sie verfolgen ein Ziel. Wollt ihr den totalen Krieg? Hurrraaa! Das versteh ich nicht. Die Menschheit war, ist und bleibt wohl immer so dumm, in aller Ewigkeit Hurraaa zu schreien. Eine blökende Schafherde die blind zur Schlachtbank rennt. Hurraaa, hurrraaa...
Gastgeberin:	Und darum hast du dich mit dem Widerstand eingelassen.
Gastgeber:	Genau, als auch ich an die Front musste. Ich frage mich, was für eine Front die meinten? Das war eher ein Wettrennen nach Berlin. Es gab keine Front mehr, der Krieg war verloren. Einige mussten doch dagegen etwas tun. Wie lange sollte dieser Wahnsinn denn noch dauern. Viele Menschen haben ihr Leben für die Freiheit, für Österreich geopfert. Major Biedermann z.B. oder ein Raschke oder Huth. Und was haben sie davon gehabt? Nichts! Man hat sie aufgehängt und ein paar Tage später war der Krieg vorbei. Wofür all dieses sinn-

lose Töten? Ich sag dir eins, das sind die wahren Helden. Nachdenklich Ich hätte wahrscheinlich versagt.

Lass uns bitte aufhören, der Krieg ist vorbei, wir leeeben. Lass uns in die Zukunft blicken. Siehst du, dafür könnte ich schreien hurraaa, hurraaa ...

Gastgeberin: Hör auf mit dem Blödsinn. Sag mal - hast du eigentlich Angst vor dem Tod?

Gastgeber: Vor dem Tod weniger, aber vor der Ungewissheit.

Gastgeberin: Wie meinst´ das jetzt?

Gastgeber: Naja der Tod ist der Tod. Wennst tot bist ists aus. Zumindest jetzt und hier. Für den Moment. Aber was kommt nach dem Tod? Was steht dahinter? Aber was weiß ich, ich weiß nur zwei Dinge. Erstens, dass der Tod dich an die Endlichkeit erinnert. Also sollte man rechtzeitig schauen seine Lebensziele zu verwirklichen.

Gastgeberin: Und zweitens?

Gastgeber: Zweeiiiteens.

Er stellt sich hinter sie und hält ihr Becken fest.

Und zweitens – stehe ich gerne dahinter, besonders hinter dir.

Versucht sie in den Nacken zu küssen.

Gastgeberin: Wehrt ab. Lass das, das ist eine ernste Sache. Stimmt es, dass man wirklich frei ist, wenn man keine Ziele mehr hat? (Hermann Hesse) Ist dies das Ziel des Lebens? Ist man dann wirklich frei?

Er versucht es noch einmal, doch sie wehrt ihn wieder ab, er gibt auf.

Gastgeber: Keine Ahnung. Vielleicht ist man dann auch wirklich tot.

Gastgeberin: Auf jeden Fall hast du Courage bewiesen, obwohl

du auch mich gefährdet hast. - Oder war es Leicht-
sinn? Warum hast du es mir nicht gesagt?

Gastgeber: Du meinst die Sache mit dem Widerstand?

Gastgeberin: Ja.

Gastgeber: Na klar - und du hättest mich sicher darin bestärkt. *Ergreift ihre Hände.* Ich sagte es bereits, einer muss es ja tun. Leben um zu sterben. Sterben um zu leben. Sonst wüsste die Menschheit ja keine toten Helden mehr vorzuweisen.

Gastgeberin: Ich brauch keinen toten Helden, sondern einen gesunden Mann. Das war verantwortungslos mir gegenüber. Du mit deinen leichtsinnigen Grundsätzen. Warum bist du mit deinem heiligen Idealismus noch nichts geworden? Dein Freund hatte dich doch mehrmals darin bestärkt und dir eine gehobene Position angeboten.

Gastgeber: Verantwortungslos? Das Leben ist immer ein Risiko und besteht aus Entscheidungen die unter Umständen das Leben kosten aber es auch lebenswerter machen. Wenn nicht für mich, dann für andere. Ist eben Schicksal. Aber was regst dich auf, ich steh ja vor dir. Ich bin kein Schaf, das sich so einfach abschlachten lässt. Wenn ich sterbe, dann weiß ich wenigstens wofür. Hast du vorhin nicht gesagt, dass ich couragiert gehandelt habe und jetzt dieser Vorwurf? Und das mit dem ge-hooooobenen Posten. Warum ist dir das so wichtig? Mir ist das egal. Sei zufrieden mit dem, was du hast. Sei froh, dass du lebst. Du hast doch vorher gesagt, dass du den Tod mit lächelndem Herzen empfangen würdest.

Gastgeberin: Ja – und?

Gastgeber:	Hätte ich damals angenommen, so würde ich nicht mehr sterben können.
Gastgeberin:	Ich versteh dich nicht?
Gastgeber:	Dann hätte ich mich selbst aufgeben müssen. Ich wäre innerlich gestorben, dann wär ich tot, ganz tot, ohne Ideale – määäääähää.
Gastgeberin:	Wenn du es so sieht.

Beide nachdenklich – plötzlich klopft es. Gastgeber zuckt zusammen.

Gastgeber:	Gestapo!
Gastgeberin:	Beruhige dich Schatz, die gibt's ja nicht mehr, nie mehr.
Gastgeber:	Täusch dich da nicht, die wird`s immer geben, wenn auch unter anderen Namen. Geh mach du auf, ich hol` noch was aus der Küche. Geht ab.

Gastgeberin streift das Kleid an den Hüften zurecht, richtet ihre Haare, geht zur Tür, öffnet. Niemand steht draußen, sie überrascht, im Begriff nachzusehen doch der Gast kommt ihr zuvor. Sein Oberkörper erscheint abrupt im Türrahmen.

Gast:	Kuckuck.

Gastgeberin weicht vor Schreck einen Schritt zurück. Gast kommt herein, hinter seinem Rücken Blumen verbergend.

Da bin ich. - Und das - ist für dich!

Gastgeberin erholt sich, nimmt die Blumen. Gästin betritt schüchtern ebenfalls den Raum, in den Händen ein Packerl.

Gastgeberin:	Das war doch nicht notwendig. Danke sehr.
Alle:	Servus meine Liebe, mein Lieber - Bussi – Bussi – Bussi ....
Gast:	Sieht sich um. Ja, aber – wo ist er denn?
Gastgeber:	Aus der Küche rufend. Ich komme gleich.
Gast:	In Rtg. Küche blickend, zackig. Aha.

Gastgeber erscheint im Küchenrahmen. In der linken Hand

ein silbernes Tablett. Auf diesem eine dicke Zigarre. Gast schlägt die Hacken zusammen, schon im Ansatz den Arm zum Hitlergruße ausstreckend, im letzten Moment besinnend, laut rufend.

Gast: Heil Hi... äh, ja, grüß dich mein Lieber - servus – servus.

Gastgeber: Präsentiert das Tablett. Schau, was ich dir besorgt habe. Du darfst mir glauben, dass es nicht einfach war.

Gast: Gast nimmt die Zigarre, dreht und wendet sie, riecht, nicht sonderlich beeindruckt.

Ich danke dir, mein Bester.

Steckt sie in die Sakkobrusttasche.

Gastgeber: Zu Gästin. Oh Entschuldigung. Grüß dich.

Hilft ihr aus dem Mantel. Gastgeberin nimmt den Mantel des Gastes.

Gästin: Danke, danke – servus meine Liebe.

Gastgeberin: Gastgeberin hängt beide Mäntel auf.

Setzt euch doch.

Geht in die Küche.

Gast setzt sich etwas ratlos, ohne seiner Frau zu helfen, die noch immer das Paket in Händen hält, imaginärer Kaffeeduft aus der Küche.

Gästin: Mmh, frischer Kaffee – guut.

Sie schiebt einen Teil des Geschirrs zur Seite, legt das Packerl ab, setzt sich ebenfalls.

Gast: In Rtg. Küche. Geh, sei so lieb, bringst du mir ein Glas Wasser.

Gastgeber: Jaa natürlich. Bleib Schatz, ich mach das schon.

Geht in die Küche.

Gast und Gästin allein, sehen sich um.

Gast: Na, da bin ich aber gespannt was sie uns so auftischen. Und was sagst?

Gästin:	Was meinst du?
Gast:	Na ich mein`, was sie daraus gemacht haben.
Gästin:	Ahh, die Wohnung hast du ihnen verschafft, nicht wahr?
Gast:	Wer sonst. Also gut ham sie es sich nicht grad eingerichtet.
Gästin:	Was alterierst dich denn so, es gibt doch nix. Aber sauber haben sie`s. Ich frag mich immer wieder, wie du zu unserem Interieur kommen bist.
Gast:	Beziehungen Schweindi, Beziehungen.
Gästin:	Bist narrisch, kannst mich doch da nicht Schweindi nennen. Wenn uns jemand hört!
Gast:	Sollen sie doch, du quietscht dabei ja wie ein kleines, süßes Schweinchen. Quiiieek …
Gästin:	Verlegen Aus jetzt, eine Ruh is`. Du und …
	Wird unterbrochen, da Gastgeber mit einem Glas Wasser (Farbe lila) auf seinem silbernen Tablett hereinkommt.
Gastgeber:	Bitte sehr da Herr.
	Stellt das Glas auf den Tisch.
Gast:	Danke mein Bester - und diese schöne lila Farbe. Das Kali macht es eben so richtig g`schmackig, nicht wahr?
Gastgeber:	Sehr wohl da Herr. Geht in die Küche.
Gästin:	Du und deine Beziehungen. Ohne Papaa würdest jetzt in Sibirien sein und nicht hier.
Gast:	Apropos Russen. Sag Schweindi – äh Schatzi, glaubst wirklich, dass dein Vater die Sache mit … na ja, ich mein den Akt. Ich bin da so reingrutscht. Weißt eh, wie`s war. Des Einzige was zählt ist überleben. Und schließlich hab ich damals auch für ihn den Kopf riskiert. Kannst nicht mit ihm reden und fragen wie`s ausschaut.

Gästin:	Duu hast deinen Kopf riskiert? Wann?
Gast:	Hab ich ihn nicht gewarnt und dafür gesorgt, dass er noch rechtzeitig rauskommt.
Gästin:	Du? Davon weiß ich ja gar nichts. Ich weiß nur, dass er Tagelang vor dem Konsulat um ein Visum gestanden ist.
Gast:	Ohne mich wär sein Visum nur ein Fetzen Papier g'wesen...
Gästin:	Und ohne Papaa wärst in Stalingrad verreckt. Und jetzt hast nur Angst vor einer Deportation.
Gast:	Zu dem Zeitpunkt wär` kein Jud` mehr rauskommen. Glaub mir, du musst, hörst du, du musst mit ihm sprechen. Ich war doch nur ein kleiner Mitläufer.
Gästin:	Als SS-Obersturmbannführer? Kurz vor einem Weinkrampf. Und warum hast du Mutter nicht retten können?
Gast:	Es war zu spät, ich konnte es nicht mehr riskieren, ich hatte genug damit zu tun, den scheiß Akt verschwinden zu lassen. Und jetzt musst du mir helfen, das bist du mir schuldig.
Gästin:	Kämpft innerlich, nachdenklich. Mutter ... Sieht ihn liebevoll an, ergreift seine Hände. Aber was bleibt mir denn über ... Gut, ich glaube dir.
Gast:	Erleichtert. Ich danke dir. Ich liebe dich. Und red mit deinem Vater. Seitdem er wieder z`rück`kommen ist, will er mich ja nicht mehr sehen. Gastgeber, dicht gefolgt von Gastgeberin, kommt herein. Er mit dem silbernen Tablett, auf diesem Zigaretten. Den zweiten Arm auf dem Rücken. Sie mit einem Teller voller Keks. Gast und Gästin rutschen auseinander. Gastgeberin wischt sich noch geschwind, verstohlen über die

Augen.

Gastgeber: Trara, die Zigaretten sind daa! Noch warm vom Schleich, sagt der Scheich.

Stellt das Tablett auf den Tisch. Hält inne, plötzlich gerade, theatralisch, das Haupt nach oben gerichtet.

Ich weiß, ich hätte Lyriker werden können. Heine schau obe.

Von sich selbst begeistert. Holt die hinter seinem Rücken versteckte Flasche Wodka hervor, stellt sie auf den Tisch.

Ach ja richtig ... ganz umsichtig ... so wie ich ... dieser Wodka ... hm ... hm, ja ... auch für mich.

Die Blicke der Gäste treffen einander, leicht genervt.

Gastgeberin: *Stellt den Keksteller auf den Tisch.*

Schon gut mein kleiner Nest-Roy.

Gastgeber: *Sinnlich, herausfordernd*

Rooaar - Bussi.

Er greift in seine Sakkotaschen, 4 Stamperln kommen zum Vorschein, er schenkt ein, erhebt das Glas.

Dann wollen wir mal. Prostata, auf uns, die Zukunft und den ewigen Frieden.

Gast: Jawohl ... darauf, dass, ... äh, dass nicht mehr geschieht, was geschehen ist.

Gastgeber: Na sdorowje. *Alle trinken.*

Gastgeberin: So, und jetzt bitte greift zu.

Schenkt jedem Kaffee ein.

Es tut mir leid aber das Milchpulver ist uns ausgegangen.

Der Gast starrt Gästin an, sie weiß im ersten Moment nicht was er möchte, begreift endlich und übergibt bescheiden, zurückhaltend der Gastgeberin das mitgebrachte Paket.

Gästin: Hier bitte, ein kleines Gastgeschenk. Nur eine kleine Aufmerksamkeit.

Gastgeberin: Danke.

Öffnet das Paket, überrascht.

Lauter gute Sachen. Mein Gott, Zucker, Salz, Kaffee, Kaviar ... und da schau, sogar Kondensmilch, Zigaretten, Whisky ... Champagner? Von wo habt ihr das alles bekommen?

Gast: Tja meine Liebe, Beziehungen, Beziehungen.

Gastgeberin: Blickt wieder in die Schachtel, wird stutzig, greift hinein und hat ein Paket Kondome in der Hand, dreht und wendet es, naiv.

Und was ist das?

Gastgeber: Lesend. Reißen sie die Packung auf ... und stülpen sie ihn über den .... – ahaa.

Gastgeber und Gastgeberin peinlichst berührt. Gast natürlich nicht, er versetzt Gastgeber einen festen, freundschaftlichen Schlag mit der flachen Hand.

Gast: Damit`sd` dich durch ... eindeutige, nach oben strebende Bewegung mit dem Unterarm, mit vorgehaltener Hand ... bumsen kannst. Das Leben ist hart ... und wenn ich mich da draußen so umschau, damit wenigstens etwas steht. Aufbauarbeit mein Bester, Aufbauarbeit.

Gastgeberin: So, und jetzt wollen wir anstoßen auf bessere Zeiten. Auch der Friede in unserem Herzen soll Einkehr halten, für eine neue, tolerante Zukunft.

Gastgeber klatscht.

Gastgeber: Braavoo – fast so gut wie ich. Die Freiheit ist ...

Gastgeberin: Bitte verschon uns, mach lieber den Schampus auf.

In Ermangelung von Gläsern werden die Kaffeetassen gefüllt.

Gastgeber: Auf die edlen Spender – und darauf, dass es so bleibt.

Gästin: Nachdenklich. Dass es so bleibt, wie es ist – friedlich.

Die Schuldigen sind verurteilt, das Grauen darf
endlich ruhen.

Sie greift in die Schachtel, nimmt einen kleinen Kerzenständer
mit Kerze und Zündhölzer heraus, stellt ihn auf den Tisch,
zündet sie an, feierliches Schweigen.

Gastgeber: Jaa - auf den Frieden.

Gastgeberin: Ein Hauch von Luxus, auch wenn wir keine Sektgläser haben. Zu Gastgeber. Die Kristallgläser von
Mutter hast du ja unbedingt den Russen geben
müssen.

Gastgeber: Dann haben sie uns wenigstens in Ruh gelassen.
Das Leben strahlt im schönsten Glanz.

Gast: Apropos Glanz, hast du schon Arbeit gefunden?

Gastgeber: Nichts Fixes aber vielleicht kann ich bei der
Elektrischen anfangen, in der Werkstatt. Und wie
sieht`s mit dir aus?

Gast: Geschäfte mein Bester, Geschäfte.

Gastgeber: Man sieht`s, hast schon immer die richtigen
Beziehungen gehabt.

Gibt ihm freundschaftlich die Hand, umarmen sich.

Ich danke dir für alles. Hauptsache es geht wieder
aufwärts.

Gast: Naja, die Geschäfte werden immer riskanter. Aber
ein Kamerad hat mir einen Posten in Aussicht
gestellt.

Gastgeber: Nimmt seine Frau in die Arme.

Siehst, jetzt beginnt endlich wieder das Leben mein
Schatz.

Gast: Nimmt die Hand seiner Frau zum Kusse.

Lassen wir die Vergangenheit ruhen. Sehen wir mit
klarem, reinem Blick in die Zukunft. Lassen wir die
Legionen des Guten die Welt erobern.

Gästin:	Das hast du aber schön gesagt, mein Schatz.

Das Bühnenlicht wird in eine sentimental-, romantisch-, friedliche Stimmung zurückgedreht. Die brennende Kerze unterstreicht dieses Bild. Spot auf den Zeitgeist.

Zeitgeist: Englands „Juwel" Indien, wird nach mehr als 200 Jahren in die Unabhängigkeit entlassen.

Hut auf.

Bühnenlicht an.

Gastgeberin: Ich trag nur einmal die Schachtel in die Küche.

Gästin: Warte, ich helfe dir beim Auspacken.

Beide gehen ab.

Gastgeber geht zum Kasten und zieht sich ein, in den 50iger Jahren adäquates Sakko an.

Anm. Es ist beabsichtigt, dass der Kleiderwechsel aufgrund der fortschreitenden Zeit nicht in der Dunkelheit oder im Verborgenen erfolgt. Das Publikum kann dies durchaus mit verfolgen. Einige Wechsel sind sogar in der Dynamik des Dialoges eingebaut.

Gastgeber: Hast du übrigens schon von der neuen Musik gehört?

Gast: Meinst du Glenn Miller?

Gastgeber: Neein, die Beatniks mein Freund, die Beatniks.

Geht ins Schlafzimmer.

Gast: Aha – die Beatniks.

Gastgeber: *Erscheint mit einem Kofferplattenspieler. Ein für die Zeit typischer Beatnik wird angespielt.*

Na, was sagst?

Gast: Die Beatniks – na ja – gar nicht so übel.

Er tanzt zur Kommode, nimmt zwei Gläser und eine Flasche Alkohol. Geht zum Sofa.

Gastgeber:	Den hab ich mir von meinem ersten Gehalt gekauft. Wurscht! Wenn ich morgen varreck, weiß ich wenigstens, dass ich gelebt hab.
Gast:	Prost.
Gastgeber:	Und? Wie geht's dir mit der neuen Arbeit?
Gast:	Ist nicht gerade das Gelbe vom Ei, aber ... die Burschen werden schon noch nach meiner Pfeifen tanzen. Wirst schon seh`n.
Gastgeber:	Soo, ich dachte du sei`st dort nur so eine Art Aushilfe?
	Trinkt, auf den Alkohol blickend.
	Nicht schlecht, Herr Specht.
Gast:	Ich hab schon eine Stelle als Lagerarbeiter in Aussicht. Ein ehemaliger guter Freund, ein Kamerad ist bei uns Partieführer. Du weißt ja selbst, dass die Zeiten für unsereins hart sind. Aber wir halten zusammen, wie einst. - Die guten alten Zeiten.
Gastgeber:	Die Arbeit in der Werkstatt ist auch nicht gerade die Erfüllung. Aber man ist zufrieden. Hauptsache es geht aufwärts. Genau, es geht endlich wieder aufwärts.
Gast:	Du sagst es mein Bester, Hauptsache, es geht aufwärts.
Gastgeber:	Du wirst sehen, es wird schon wieder. Du hast so eine liebe Frau, sie hat so viel mehr zu bieten als .. na du weißt schon. So viel Gefühl. Die Rundungen einer Frau, können die schärfsten Ecken eines Mannes bezwingen.
Gast:	Das stimmt. Überhaupt die oberen.
Gastgeber:	So viel Geborgenheit, die dich auffängt wenn es dir schlecht geht. Sie liebt dich wahrscheinlich mehr

	als du selbst. Mann, ist dir eigentlich bewusst, dass du ein Glückspilz bist?
Gast:	Mehr...? Hm`? Fängt sich wieder. Hast ja Recht. Wir haben alles. Geht`s uns schlecht. Ein Dach über dem Kopf, genug zu essen ......
Gastgeber:	... und bald wieder die Heimat!
Gast:	Die Heimat? Ja! Die Heimat.
Gastgeber:	Was bedeutet für dich Heimat?
Gast:	Heimat? Freunde sind Heimat.

Gastgeber leicht irritiert, jedoch Gastgeberin kommt herein, umgezogen im Stil der 50iger Jahre.

Gastgeber:	Prost! Also auf die Freundschaft und die Freund-schaft der Völker, damit sich die Vergangenheit nie mehr wiederholt.
Gast:	Jawohl, auf die Freundschaft. Darauf trinken wir.

Alle trinken, Gastgeberin räumt die Kaffeekanne ab, geht in die Küche. Spot auf den Zeitgeist.

Zeitgeist:	Unser allseits beliebter Bundeskanzler Ing. Leopold Figl, tritt vor das österreichische Volk, den soeben unterzeichneten Staatsvertrag in Händen und verkündet: Österreich ist frei!
Gastgeber:	Auf unser geliebtes Österreich!
Gast:	Zögerlicher. Auf Österreich ... wie es früher einmal war ...
Gastgeber:	... groß und mächtig, schicksalsträchtig.
Gast:	Wenn du meinst.

Beide trinken, setzen sich.

Gastgeber:	Siehst du, das sind Politiker. Ein Figl, ein Renner, ein Raab und all die anderen Helden unserer jungen Republik. Menschen zum Anfassen, aus der Mitte des Volkes. Politiker mit Idealen, die sich für

	uns alle, den Menschen auf der Straße einsetzen. Schulter an Schulter - eine Schlacht für unser geliebtes Österreich erfechten. Ein friedvoller Kampf in eine würdige, hoffnungsträchtige Zukunft.
Zeitgeist:	Der heutige Tag, wird zum Staatsfeiertag erklärt. Gestern, am 25. Oktober 1955 verließ der letzte alliierte Soldat das österreichische Staatsgebiet.

Anm. Um der Geschichte gerecht zu werden. Der letzte alliierte Soldat verließ, da der Zug Verspätung hatte, erst am 29. Okt. unsere junge Republik.

Gast:	Naja, die Zeiten werden endlich besser. Jetzt beginnt wieder ein geregeltes Leben, Zucht und Ordnung.
Gastgeber:	Auf die Zukunft. Erhebt das Glas.
Gast:	Ja, trinken wir. Trinken. Ich habe auch allen Grund dazu.

Geht zum Schrank, zieht sich im Zurückkommen ein Sakko aus den 50. Jahren an.

Gastgeber:	Ahsoo. Warum das?
Gast:	Ein Kamerad ist an mich herangetreten ... also machen wirs kurz, ich bin zum Lagerarbeiter aufgestiegen.
Gastgeber:	Gratuliere.

Beide Frauen kommen mit Geschirr (50iger Jahre) aus der Küche. Die Gästin hat sich im Stil der 50iger Jahre gekleidet.

Gast:	Den Gastgeber leicht mit dem Ellenbogen anstoßend. Meine Frau hats gut, die kann zu Hause bleiben, während sich unsereins Tag und Nacht abrackert.

Anm: Im Laufe der Konversation wird der Tisch gedeckt.

Gastgeberin: So Kinder, jetzt dauert`s nicht mehr lange, das

Essen ist bald fertig.

Gastgeber: Soll ich dir helfen, Schatz? (Kommt mit der Teekanne zu ihr)

Gastgeberin: Vorsicht, die ist heiß.

Gastgeber: Ich auch Schatz, ich auch.

Er drückt sich an sie.

Gastgeberin: Lass das, du siehst doch, dass ich beschäftigt bin.

Gastgeber: Nur ein kleiner Vorschuss.

Gastgeberin: Hör auf, siehst du nicht? Ich hab jetzt keine Zeit.

Stellt das Geschirr ab, in Rtg. Küche gehend.

Was sollen denn unsere Gäste denken?

Erscheint wieder mit einem Glas Wasser in der Hand, geht zur Kommode und nimmt eine Tablette ein.

(Anm. Das Glas mit Wasser, bleibt noch auf der Kommode stehen)

Schatz, hilfst du mir bitte?

Gastgeber: Natürlich, immer. Zwinkert den Gästen zu. Ich zeige dir gleich meine Schokoladenseite.

Beide gehen in die Küche. Der Gast schlägt seiner Frau noch auf den Hintern. Die Gäste sehen ihnen nach.

Gast: Hast du das gesehen?

Gästin: Was meinst du?

Gast: Wie er sich an sie gedrückt hat, als ob sie ganz alleine wären.

Gästin: Was hast du, das war doch lieb. Ist es nicht schön, wenn man seiner Frau gegenüber so offen seine Gefühle zeigen kann. Du nimmst mich ja nicht einmal mehr in die Arme, wenn wir alleine zu Hause sind. Nein, leider, das machst du nicht. Nachdenklich. Die Liebe ist der Ursprung für ein erfülltes Leben.

Gast: Hast du nicht gesehen, wie er sie angesprungen

	ist. Ein Mann tut sowas nicht, ein richtiger Mann kann sich beherrschen.
Gästin:	Ach Gott, übertreib nicht. Ich weiß schon wie du deine Gefühle ... oder wollen wir es anders zum Ausdruck bringen, deine Triebe offenbarst, obwohl vornehme Zurückhaltung angebracht wäre.
Gast:	Ein Mann ist ein Mann und soll sich auch so verhalten.
Gästin:	Jaja, ein richtiger Mann. Du hast aber ein schlechtes Gedächtnis mein Lieber. Ich erinnere mich, wie du vor gar nicht allzu langer Zeit, soo klein mit Hut warst.
Gast:	Was meinst du damit?
Gästin:	Ich weiß, du willst nicht daran erinnern werden. Es ist ja unmännlich, die eigenen Fehler einzusehen.
Gast:	Aah, das meinst du. Das war doch nur ein Irrtum, eine Verwechslung, eine Verdrehung der Wahrheit, ein Missverständnis.
Gästin:	Vorverurteilung, Missverständnis, jaja. Das Unverständnis ist ein Privileg jener die sich nicht die nehmen zu verstehen.
Gast:	Was meinst du denn jetzt schon wieder?
Gästin:	Mach erst deinen Mund auf wenn du etwas weißt und nicht wenn du glaubst es zu wissen. Und außerdem liebst du mich nicht mehr.
Gast:	Warum soll ich dich nicht mehr lieben?
Gästin:	Wendet sich ab.

Die Blume ist der Liebe gleich,
sie lebt und ist an Schönheit reich.
Auch hat man wenig Zeit, sie dankt mit Blütenpracht – gib Acht,

denn zeigt man ihr die Liebe nicht,

es muss so sein – dann ist sie traurig und geht ein.

Gast: Ach hör auf mit dem lyrischen Kram. Wo hastn das schon wieder her? Du schaust zu viel in deine Bücher. Weiber und ihre Sentimentalität. Warum wollt ihr Frauen andauernd Blumen haben, als ob es nichts Wichtigeres gibt. Die verwelken ja sowieso.

Gästin: Die Blume des Herzens auch.

Gast: Die was ... ?

Gästin: Ach lass nur.

Die Gastgeber, dicht gefolgt von der Gastgeberin, kommen mit dem Essen (Vorspeise) herein. Beide umgezogen im Stil der 60iger. Beide haben ein Tablett mit Brötchen und Teller in Händen.

Gastgeber: Wie ich sehe, unterhaltet ihr euch auch ohne uns bestens.

Gastgeberin: Zu Tisch, zu Tisch, sonst werden die Brötchen kalt!

Stellen die Tabletts und die Teller auf den Esstisch.

Gastgeber: Augenzwinkernd in Rtg. Gast.

Schnellschnell, ich verbrenne mir gerne die Finger.

Gastgeberin: Was willst du damit sagen?

Gastgeber: Dass ich Hunger habe.

Gastgeberin: Dann setz dich, freu dich und iss. Männer! Bitte greift zu.

Gästin: Mmh, also ich muss schon sagen, delikat.

Tupft Gast mit der Hand an.

Gast: Ja sehr guut.

Gastgeberin steht auf, geht zur Kommode, wirft sich wieder eine Tablette ein. Kommt mit Servietten zurück.

Gastgeber: Schatz, die sind wirklich hervorragend.

Gast: In Anspielung auf die Tabletten.

34

Was ist denn das? Etwa der nächste Gang?
Ha ha ha.
Was seht ihr mich so vorwurfsvoll an, das war doch
nur ein kleiner Scherz. Also wirklich heervor-
ragend.

Gastgeberin: Danke sehr! Bis zum nächsten Gang wird's noch
ein wenig dauern.

*Der Gast greift in sein Jackett, um sich noch einen zu ge-
nehmigen. Gastgeber und Gästin bemerkt dies, er springt
auf, eilt zur Kommode.*

Gästin: Muss das jetzt sein.

*Bevor Gast antwortet, entnimmt Gastgeber der Kommode eine
Flasche und 4 Gläser, hält sie triumphierend in die Höhe.*

Gastgeber: Traraa.

Gastgeberin: Kannst du endlich mit diesem dämlichen Traraa
aufhören! Wie ein kleines Kind, Traraa – Traraa.

Gastgeber: Schau her, ein echter Tschiwas Reagel, hat schon
einige Jährchen auf dem Buckel. Ein Trinkspruch
…

Gast: Prost, damit die Gurgel nicht verrost.

Gästin: Sei nicht so kindisch. Danken wir lieber dem Herrn.
Es geht aufwärts, wir haben alles was wir zum
Leben benötigen.

Gastgeberin: Sieht ihren Mann vorwurfsvoll an.
Wir haben alles? (zu Gästin) Die Herren sind ja soo
verschieden.

Gastgeber: Auf die Zufriedenheit, Prost.

Gastgeberin: Auf die Verschiedenheit.

Alle: Proost.

Gastgeber: Da die Gästin nur nippt.
Entspricht er nicht deinen Erwartungen?

Gästin: Doch, aber erstens ist es noch ein wenig zu früh

und zweitens vertrage ich keinen Alkohol.

Gastgeberin: Willst du vielleicht ein Glas Soda?

Gästin: Wenn es dir nicht zu viele Umstände bereitet.

Gastgeberin: Nein nein, auf gar keinen Fall. Der Gast ist bei uns König. (zu Gastgeber) Hilfst du mir bitte beim Abräumen?

Gastgeber: Natürlich.

Gastgeberin und Gastgeber nehmen das meiste Geschirr mit in die Küche.

Anm. Da am Ende des Stückes die Bühne einer Müllhalde gleichen soll, als symbolisches Bild einer Anhäufung von Unordnung, muss ganz langsam immer mehr Geschirr, Gläser, Müll usw., auf der Bühne verbleiben.

Gast und Gästin stehen auf, gehen hinter den Paravent und ziehen sich im Stil der 60iger Jahre um. Das Bühnenlicht wird etwas zurückgedreht. Gastgeberin kommt zurück mit einem brennenden Kerzenleuchter und einem Kerzenständer.
Den Leuchter stellt sie auf den Esstisch, den Ständer auf den Sofatisch, romantische Stimmung.

Gästin: Noch hinter dem Paravent.

Was machst du denn da meine Liebe?

Gastgeberin: Ach, nur ein wenig Stimmung, Romantik und Wärme.

Geht wieder in die Küche.

Zeitgeist: Die 13 Tage der Kuba-Krise sind mit den Worten des designierten Präsidenten JFK – „Die Zeit wartet nicht, wir dürfen sie nicht verrinnen lassen", beendet worden. Die Welt ist nur haarscharf ihrer atomaren Vernichtung entronnen.

Gastgeber: Kommt aus der Küche, setzt sich aufs Sofa.

	Hier hast du dein Sodawasser.
Gästin:	*Hinter dem Paravent.*
	Ich danke dir mein Lieber. Ist das nicht schön.
Gastgeber:	Was?
Gästin:	Die romantische Aura. Das Spiel des Feuers.
Gastgeber:	Es kommt darauf an. Solange es nicht zu heiß wird.
Zeitgeist:	Der Präsident der New Frontiers, der neuen Ziele, fiel heute, nach einer Amtszeit von 1000 Tagen, einen hinterhältigen Attentat zum Opfer.

Gastgeberin erscheint mit einer Flasche Rotwein.

Gastgeber:	Komm Schatz, setz dich ein bisschen zu mir.
Gast:	*Hinter dem Paravent.*
	Übrigens mein Bester, ich habe mir ein Automobil gekauft.
Gastgeber:	Ein Auto, wie kannst du dir das leisten?
Gast:	*Kommt hinter dem Paravent hervor.*
	Jetzt, wo ich im Betrieb Partieführer geworden bin. Es geht sich aus, ein Kamerad in der Personalvertretung hat mir einen zinsenlosen Kredit zukommen lassen. *Schenkt sich ein, trinkt.* Du wirst sehen mein Bester, den hab ich im Nu zurückbezahlt.

Gästin erscheint ebenfalls umgezogen, setzt sich neben ihren Mann.

Gastgeberin:	Schatzilein, können wir uns nicht auch ein Auto leisten?
	Schmiegt sich an ihn.
	Auf deinem Roller ist mir immer so kalt.
Gastgeber:	Dann müssen wir zu Hause eben mehr einheizen, *streicht mit der Hand langsam über ihren Hals und zwischen ihren Brüsten immer weiter abwärts,* damit die Glut nicht erlischt.
Gastgeberin:	*Legt seinen Arm um ihre Schultern.*

	Schatzi, dann bin ich nicht andauernd verkühlt und kann mich mehr um dich kümmern.
Gastgeber:	Gastgeber streicht ihr mit der Hand seitlich abwärts und kommt mit dieser auf ihrem Oberschenkel zu liegen.
	Wir können uns kein Auto leisten.
	Versucht sie zu küssen.
Gastgeberin:	Gastgeberin entzieht sich geschickt diesem Kuss.
	Aber wenn du endlich deinen Meister fertig machen würdest, dann könnten wir.
	Küsst ihn, kurz, leidenschaftlich.
	Geld macht so erotisch.
Gastgeber:	Das ist dein Bauchnabel auch.
Gastgeberin:	Und? Wann leisten wir uns endlich ein bisschen Luxus? Ein Auto oder vielleicht einen Pelzmantel?
Gastgeber:	Komm Schatz, schicken wir die Beiden nach Hause.
	Er versucht sie zu küssen. Sie weicht aus, steht auf, zündet sich eine Zigarette an.
Gastgeberin:	Wenn du dein Diplom hast, können wir darüber reden.
Gastgeber:	Ach Schatz, wir haben doch schon so oft darüber gesprochen.
Gastgeberin:	Gesprochen, gesprochen. Ja, wir haben darüber gesprochen. Schau deinen Freund an, warum hat er Beziehungen und Geld und du nicht?
Gastgeber:	Was weiß ich, frag ihn selber. Vielleicht hat er goldene Kniescheiben? Aber Schatz …
Gastgeberin:	… Schatz – Schatz – ausge"Schaatzt". Komm du mir erst wieder, wenn du deine Meinung geändert hast.
Gastgeber:	Also das geht jetzt wirklich zu weit. Und außerdem sind wir verheiratet und du hast gewisse eheliche Pflichten zu erfüllen. Versucht sie zu beruhigen. Schau Schatz, Geld und Titel sind doch nicht so wichtig.

Wir sind gesund und glücklich miteinander.

Gastgeberin: Du vielleicht.

Geht zur Kommode, wirft sich wieder eine Tablette ein.

Gast: Was nimmst du denn da?

Gastgeberin: Nichts.

Gastgeber: Das seh´ ich.

Gastgeberin: Reine Frauensache. Lass mich in Ruh, ich hab Migräne.

Geht ab, in die Küche.

Gast: *Reicht Gastgeber ein Glas.*

Da mein Bester. Ist doch alles halb so wild.

Gastgeber. *Wehrt ab, setzt sich neben Gästin.*

Wild ist die Unzufriedenheit, die einen aushöhlt, auffrisst, dass Verlangen.

Gast: *Blick auf seine beiden Gläser.*

Na gut, dann eben nicht.

Gast leert ein Glas, nimmt die Schnapsflasche und studiert eifrig das Etikett. Gastgeber beginnt währenddessen aus Frust mit Gästin zu flirten.

Gästin: Das Verlangen?

Beide sehen sich tief in die Augen.

Gastgeber: Nach Liebe, nach meehr.

Gästin: *Fasziniert, von seinen Lippen lesend.*

Nach Liieebe?

Gastgeber: Jaa, ... und noch etwas mehr.

Gästin: Meehr ... Aber – aber das geht doch nicht.

Gastgeber: Was geht nicht? Das Träumen? Im Traum hatte ich schon oft mehr von dir gesehen.

Senkt schüchtern den Blick.

Gast: *Mit der Flasche beschäftigt.*

Was geht nicht, mein Kleines?

Gästin: Ach – nichts.

39

Zeitgeist: Während er spricht, kommt Gastgeberin aus der Küche.

I have a dream - und die Träume der Selbstver-
wirklichung, der sexuellen Freiheit der Frauen
werden wahr.

Gastgeberin: Endlich, eine neue Zeit bricht an.

Gastgeber: Du meinst, dass die Menschen endlich gescheiter
werden und aus ihren Erfahrungen lernen, sich
näherkommen?

Gastgeberin: Nein, dass wir Frauen uns jetzt endlich freier fühlen
können. Nicht mehr die Temperatur messen, die
Tage zählen müssen. Die Freiheit und Gleichheit
der Frau, ein denkwürdiger Tag.

Gast: Zu Gastgeber Was meint sie damit?

Gastgeber: Sie sollte nicht so viele Tabletten schlucken.

Gast: Im Gegenteil mein Bester, sie sollte, sie sollte. Zu
Gästin Aah – jetzt versteh` ich. Und damit du`s
gleich weißt, uns hat dieser Pfeil - Halbkreisbewegung
mit der flachen Hand - weeeit verfehlt. Diese Jane soll
zurück zu ihrem Tarzan. Dort kann sie schreien,
solange sie will.

Anm. Jane Fonda, eine Kämpferin der ersten Zeit, für die sich
nun wirklich realisierende Emanzipation der Frau.

Gastgeberin: Mein Bester, falls du es noch nicht bemerkt haben
solltest, dieser Schrei hat euch schon längst über-
rollt. Männer – geht in Rtg. Küche – eine aussterbende
Rasse.

Geht ab in die Küche.

Gastgeber: Ruft ihr nach.

Make love, not war.

Gast: Sieht in sein leeres Glas

Ich werde mal Nachschub holen.

Geht in die Küche.

	Gästin und Gastgeber sind alleine. Schweigende Verunsicherung, man findet einen Moment nicht die richtigen Worte.
Gastgeber:	Und, wie ist dein Befinden?
Gästin.	Danke es geht so. Ein ewiges Auf und Ab.
Gastgeber:	Wenn es auf geht, kann es ja auch ab gehen, nicht wahr.
Gästin:	Vornehm zurückhaltend.
	Ich meinte natürlich das Leben.
Gastgeber:	Ich auch meine Liebe, ich auch.
	Gastgeber leert sein Glas, sieht mit traurigem Blick ins Publikum. Gastgeberin und Gast kommen mit der Hauptspeise wieder auf die Bühne. Gast mit einem Tablett Brathendl, Gastgeberin mit Tellern, Salatschüsseln, Servietten und Besteck.
Gastgeber:	Zu Gast Ich glaubte du holst Nachschub?
Gast:	Und was ist das?
	Gastgeberin verteilt inzwischen die Teller usw.
	Gast stellt das Tablett auf den Tisch, geht wieder in die Küche und kommt mit zwei Flaschen Wein und einer großen Schüssel Kartoffelsalat zurück.
Gastgeber:	Willst du dich nicht neben deine Frau setzen?
Gast:	Bleib sitzen mein Bester, bleib sitzen.
	Gast und Gastgeberin setzen sich ebenfalls, alle essen.
	Während Gast sein Hendl mit den Händen zerreißt.
	Also ich muss schon sagen, das ist der beste Gummiadler den ich je zu mir genommen habe.
Gastgeber:	Das können deine alten Kameraden aber nicht gerade von sich behaupten.
Gast:	Was meinst du? Ach Mensch, vergiss doch endlich die Vergangenheit. Jetzt wo`s mit der Wirtschaft im Betrieb aufwärts geht, wir uns langsam so einiges leisten können ... nach Worten ringend ... in der Zukunft liegt die ... äh ...
Gastgeber:	... Zukunft!

Die Zukunft ist doch eine feine Sache. Sie versteckt sich solange in der Gegenwart, bis es für viele von uns bereits zu spät ist.

Gastgeberin: Glaubst du wirklich?

Gastgeber: Solange wir nur diesen Adler zerreißen, geht es uns gut. Und darum, hoch die Tassen, auf eine strahlende Zukunft!

Gästin: Ja, auf die Zukunft.

Alle: Auf die Zukunft. Auf die Liebe.

Gast: Genau mein Bester - und darum lassen wir die Leber nicht mehr länger warten – Prost.

Gastgeberin geht ins Schlafzimmer, kommt mit einem Fernsehgerät zurück, stellt es auf die Kommode, setzt sich wieder zu den anderen.

Anm. Dies ist nur ein >Zeitzeichen< des hier beginnenden Kapitalismus, kausal mit einem langsam beginnenden Egoismus, einer beginnenden Ellenbogengesellschaft, langsam aufkommender Gefühlskälte, Gleichgültigkeit dem anderen gegenüber. Was zählt ist die Vermittlung nach außen hin, dass man es in unserer von Statussymbolen geprägten Welt geschafft hat, auch wenn nur scheinbar.

Gastgeber: Theatralisch, erhebt sich, das Glas in der Hand.
Meine Freunde! Lasset uns anstoßen auf die Zeit der freien Liebe. Der neue, positive Geist des innerlichen und äußerlichen Aufschwunges, der Geist des Aufbruches, der Geist der Verantwortung dem Anderslebenden, dem Andersdenkenden und unserer schönen Welt gegenüber, möge fruchtbar sein und sich vermehren. Dieser Geist möge mit der Zeit, mit unserer Zeit, in uns reifen, so - wie

wir es verdienen. Prost!

Alle: Prooost!

Pause/Vorhang

44

2. Akt

Bühne Licht aus. Die Überreste des Hendls und die Teller wurden weggeräumt. Alles Übrige, inkl. der Protagonisten und der großen Salatschüssel, befindet sich noch auf, bzw. beim Tisch. Die Schauspieler sind der Flower-Power-Zeit gemäß umgezogen. Gastgeber und Gastgeberin im vollen Trend der Hippiebewegung. Gast hat nur ein buntes, nicht zugeknöpftes Hemd übergestreift. Darunter ein graues Leiberl und eine graue Hose. Gästin, Bekleidung entweder wie Ende des 1. Aktes oder klassisch-adäquat, nach Belieben. Darüber hinaus ziert sie, aufgrund ihrer aristokratischen Zurückhaltung, ein bescheidener Flower-Power-Kranz.

Spot auf den Zeitgeist, danach Bühnenlicht an.

Zeitgeist: Martin Luther King wird erschossen und Prag erlebt einen Frühling, der Geschichte schreiben wird.

Gast: Sogar die nichtreflektierenden Südschweden fordern schon ihre Rechte.

Gastgeber: Wer?

Gast: Na die Neger.

Gastgeberin: Erstens heißt es Schwarzafrikaner und zweitens ist er ein Mensch, genauso wie du und ich. Egal ob weiß oder schwarz, ich halte gar nichts von Vorurteilen, man sollte doch einem anderen erst die Gelegenheit geben, seine verborgenen, dunklen Seiten zu zeigen.

Gastgeber: Die im Dunkeln sieht man doch, auch wenn sie noch so weiß erstrahlen und lange im Verborgenen bleiben.

Gastgeberin: Rtg. Gastgeber, zynisch. Warum denn in die Ferne schweifen, der Nega sitzt so nah.

Anm. Wiener Dialekt: Nega – jemand der kein, bzw. nicht
genügend Geld hat, also nega (blank, besitzlos) ist.

Gast: Soll ich dir vielleicht aushelfen mein Bester?

Gastgeber: Nein danke. Wo Geld herrscht, lebt der Neid und
der Neid ist das Bordell der Seele. Beides saugt
dich aus.

Gästin. Ganz recht. Zu Gast Rassismus mein Lieber ist
auch eine Form, einen anderen für die eigenen
Schwächen verantwortlich zu machen.

Leert ihr Glas, nachdenklich. Füllt wieder ihr Glas.

Gast: Trink nicht so viel, dir fehlt doch nix.

Gästin: Trinkt. Glaubst du wirklich. Jaa, nach außen hin
hülle ich mich in all den Schmerz den man sich
erkaufen kann. Aber wenigstens weiß ich die
tröstende Aura meines Freundes, den Geist des
Weines an meiner Seite.

Gastgeber: Ins Schlafzimmer gehend.
Beruhigt euch doch Kinder, wir leben in der Zeit
der Liebe. Ich glaube es wird langsam Zeit für eine
Friedenspfeife.

Verschwindet im Schlafzimmer, kommt sogleich zurück,
präsentiert stolz einen Joint, sehr groß, sehr dick. Optional
und kürzer: Greift in die Kommode.
Voilà.

Gästin: Ein ... ein ... wie heißt das denn gleich?

Gast: Ein Joint meine Liebe.

Gästin: Aber ... aber ... ist das nicht verboten?

Gastgeber: Meine Liebe, dies - ist doch nur ein Jointventure
unserer teuren Verschwiegenheit. Träumt erst
einmal der Geist, so hat der Körper Gelegenheit
zu folgen.

Gastgeberin: In einem Pelz zum Beispiel.

Gastgeber: Du immer mit deinem Pelz. Hätte Gott gewollt, dass du einen Pelz hast, wärst jetzt ein Waschbär.

Gastgeberin: Gott will sicher nicht, dass ich friere?

Gastgeberin wirft sich wieder eine Tablette ein, bemerkt, dass das Wasserglas bereits geleert ist. Gast geht in die Küche und holt ihr ein Glas Wasser.

Gastgeber: Um deinen Luxuskörper zu bedecken, bedarf es aber nicht dem erbärmlichen Holocaust einer Vielzahl von einzigartigen, göttlichen Geschöpfen.

Gast: Erscheint mit einem vollen Glas Wasser, bleibt stehen gibt es Gastgeberin noch nicht.

Was willst denn? Sind ja eh nur Viecher.

Gastgeber: Diese Viecher zerstören wenigstens nicht die Welt. Warum nimmst eigentlich dauernd Tabletten?

Gastgeberin: Damit ich deine Knausrigkeit vergessen kann.

Gastgeber: Knausrigkeit? Welche Knausrigkeit?

Gastgeberin: Sparen, sparen, sparen, nichts als Sparen. Ich will nicht länger jeden Groschen umdrehen müssen. Ich will endlich leebeen, verstehst, mir etwas leisten können.

Gastgeber geht ins Schlafzimmer.

Gast: Überreicht Gastgeberin das Glas Wasser.

Hier bitte meine Teuerste, für dich ist mir nichts kostbar genug.

Gastgeberin: Danke, dieser Durst wäre gelöscht.

Zeitgeist: Ein Riesensprung für die Menschheit. Die ersten Menschen auf dem Mond.

Gastgeber kommt zurück mit einem Kassettenrecorder, stellt ihn auf die Kommode, legt 2 Kassetten daneben.

Anm. Die 3. Kassette im Recorder (Jimmy Hendrix) (Kassette 1 u.2 - Discomusik der 70iger und Donauwalzer von Strauß.

Gastgeberin: Zu Gast. Da siehst du, wo man mit Geld überall landen kann.

Gastgeber dreht den Kassettenrecorder auf, Jimmy Hendrix „Foxy Lady".

Gastgeber: Woodstock mein Alter. Jimmy Hendrix, Foxy Lady.

Spielt Luftgitarre, singt mit. Gastgeber tanzt in die Küche, kommt zurück mit einer Blume.

Gästin: Greift wieder zum Glas, desinteressiert.

Kalter Krieg und das erste große amerikanische Desasters. Da wird wohl so mancher Amerikaner einen Traum begraben können.

Gastgeber tanzt zu Gästin, hält ihr die Blume mit einem Schuss Verführung entgegen.

Gastgeber: Damit wenigstens dein Traum in Erfüllung geht.

Gästin: Danke, jedoch der süße Duft der Liebe verfliegt so rasch.

Gastgeber: Nicht, wenn die Blüte der Liebe immer wieder zärtlich begossen wird, um ...

Gästin: ... zu wachsen und zu wachsen.

Gastgeberin dreht den Kassettenrecorder ab.

Gast: Zum Sofa gehend.

Warum soll ich ihr immer Blumen schenken? Sie strengt sich ja auch nicht mehr sonderlich an. Es ist eben alles eingefroren, Stillstand. Bis dass der Tod uns scheidet, Amen.

Gastgeber: Da hast du gar nicht mal so Unrecht. Während die Frauen den Liebreiz in den Düften einer Blume finden, finden wir eher an der Verpackung Gefallen.

Gast: ... um sie schließlich von dieser, in unserer aufopfernden Selbstlosigkeit zu befreien ...

Gastgeberin: Geht zum Sofatisch.

... damit die Reize in der Verpackung erhalten bleiben.

Gastgeber: Packt mit beiden Händen ihren Hintern, zieht sie zu sich heran.

Deine Reize sind zweifelsohne recht gut erhalten.

Zieht sie enger an sich, versucht sie zu küssen. Sie dreht den Kopf weg.

Gastgeberin: Lass dass, du kannst mich noch so fest drücken. Deswegen muss ich dich noch lange nicht lieben.

Windet sich aus der Umarmung.

Gastgeber: Geht zur Kommode, nimmt die Schachtel Tabletten.

Kein Wunder wenn du immer dieses Zeug nimmst.

Gastgeberin: Ach, mach`s dir doch selber!

Gastgeber: Dann hätt` ich dich aber nicht heiraten brauchen.

Gastgeberin: Dann hätte ich jetzt einen richtigen Mann, der mir all das bieten kann wozu du nicht imstande bist.

Gastgeber: Für Geld würdest du dich jedem an den Hals werfen!

Gastgeberin: Seitenblick auf Gast.

Das käme auf einen Versuch an.

Gastgeber: Frigide Emanze.

Geht ab in die Küche.

Gastgeberin: Versager.

Gästin: In der Küche fällt etwas zu Boden, es klirrt. Besorgt, geht in die Küche.

Ist dir etwas passiert?

Gastgeber: Nein danke, es geht schon, solang` nur das Geschirr zerbricht.

Gastgeberin: Scherben, das ist auch das Einzige was er zustande bringt.

Gast: Komm, setz dich zu mir und beruhig dich wieder.

Gastgeberin: Setzt sich zu ihm, nervös, aufgewühlt.

Der Versager der, da soll man sich nicht aufregen! So viel hätte er erreichen können. Aber nein, was ist er geworden? Zum Straßenbahndirektor aufgestiegen.

Gast: Zum Straßenbahndirektor?

Gastgeberin: Naja, zum Straßenbahnfahrer.

Gast: Höhnisch. Was, zum Straßenbahnfahrer.

Gastgeberin: Ja!

Gast: Da hat er ja auch in gewisser Weise eine führende Position inne.

Gastgeberin: Willst du mich verarschen?

Gast: Oh-na-nie.

Gastgeberin: Oh – was?

Gast: Lass nur, ein Männerwitz. Komm stoßen wir an, auf den neuen Personalvertreter.

Gastgeberin: Auf den neuen Personalvertreter?

Gast: Ja, auf mich, ich bin im Betrieb der neue Personalvertreter geworden, prost.

Gastgeber und Gästin erscheinen wieder mit jeweils einer neuen Flasche Wein.

Gastgeber: Aha, es wird gefeiert. Haben wir etwas versäumt?

Gastgeberin: Neein, nur dein Leben. Unser Leben.

Gastgeber: Mein Leben?

Gastgeberin: Schau deinen Freund an. Er hat wieder eine Stufe erklommen, auf der Treppe zur Society, auf dem Wege zum Erfolg.

Gastgeber: Auf dem Wege zum Herzinfarkt, der Hektik, der Oberflächlichkeiten.

Gastgeberin: Oberflächlich ist nur deine Faulheit. Du allein bist schuld daran, dass ich nicht glücklich bin.

Gastgeber: Brot, Spiele und Macht, das brauchst. Es hat sich nichts geändert. Erstick nicht an deiner Ober-

51

flächlichkeit.

Gästin: Du tust ihm unrecht, seine Intention ist doch, die Errungenschaften der Vergangenheit zu verteidigen. Er setzt sich doch nur für die Rechte der arbeitenden Klasse ein.

Gast: Genau mein Bester. Wir wollen die feudale, ausbeuterische und gewinnsüchtige Kompromisslosigkeit des Kapitals, in die Schranken des vereinigten Proletariats verweisen.

Gastgeber: Dann pass nur auf, dass du nicht selbst ein Teil des Kapitals wirst. Zu Gästin Was ist mit ihm, Gehirnwäsche? Seit wann steht gerade er auf Marx?

Gästin: Nicht er, sondern unser Vorzimmertisch.

Gastgeber: Das ruhende Kapital sozusagen, wie ist er darauf gestoßen? Mit dem Fuß wahrscheinlich, hahaha...

Vor lauter Heiterkeit verschüttet er etwas Wein auf seine Hose.

Oh ...

Versucht erfolglos das Malheur mit der freien Hand zu beseitigen.

Gästin: Nimmt seine Hand, zieht ihn in die Küche.

Komm mit, ich helfe dir. Das haben wir gleich.

Gastgeberin: Das Bühnenlicht wird etwas zurückgedreht, etwas romantischer. Gastgeberin geht zur Kommode, legt die zweite Kassette ein. (Discomusik der 70iger Jahre) Sie bewegt sich kurz im Rhythmus der Musik, zu Gast tanzend. Die Arme entgegenstreckend, lasziv.

Tanz mit mir, im Rhythmus der Sieger.

Sie tanzen eng und „heiß".

Gastgeberin: Weißt du, ich mag Männer zu denen man aufschauen kann. Ich finde Erfolg so anziehend.

Gast: Besser wäre ausziehend.

Gastgeberin küsst lasziv ihren Zeigefinger der rechten Hand und legt die Fingerkuppe dem Gast auf seine Lippen. Er beginnt ihr Oberteil aufzuknöpfen, hält inne.

Gast: Was ist, wenn dein Mann hereinkommt?

Gastgeberin: *Sie knöpft sich nun selbst, im Rhythmus der Musik, ihr Oberteil auf.*

Was habe ich zu verlieren? Meine Millionen?

Lacht hysterisch auf.

Du bist doch ein richtiger Mann, oder? Und ich bin eine richtige Frau – mit Bedürfnissen. Du greifst mir doch hilfreich unter die Arme, oder? Es soll nicht dein Schaden sein.

Er zieht ihr Oberteil ganz aus, wirft es auf's Sofa. Gast, Blick auf ihren Busen. Streicht ihr, noch etwas zaghaft, seitlich über ihre Brüste. Seine Hände bleiben seitlich an ihren Brüsten.

Gastgeberin: *Stöhnt, wirft dabei ihren Kopf in den Nacken.*

Aahh ...

Verkrallt sich in seinen Haaren, zieht ihm sein Hemd aus, lässt es fallen.

Eine richtige Frau, so wie ich, hat viel zu bieten ... und nachzuholen.

Gleitet eng an ihm herab, verharrt kurz in der Hocke. Hebt danach sein Hemd vom Boden auf, geht verführerisch zum Sofa, nimmt ihr Oberteil. Auf dem Weg zum Kasten, (im Rhythmus der Musik) ein verführerischer Blick zurück. Entnimmt dem Kasten ein der 70iger Jahre adäquates Kleidungsstück, zieht es an. Danach kommt sie, (im Rhytmus) mit einem passendem Hemd und Sakko zu ihm zurück.

Man sollte das Leben dort genießen wo es am schönsten ist ... am Höhepunkt.

Gastgeber (umgezogen, im Outfit der 70iger) geht von der Küche ins Schlafzimmer, ohne auf die beiden zu achten. Gast zieht sich schnell Hemd und Sakko an. Gastgeber kommt mit einem Videorecorder zurück, stellt diesen auf die Kommode, dreht die Musik ab. Gästin kommt aus der Küche, (Bekleidung der 70iger) zu Gast.

Gästin: Mein Lieber, also ich muss schon sagen ... Kleider machen Leute.

Gastgeber: Glaubst du wirklich.

Gästin: Was meinst du?

Gastgeber: Das Kleider Leute machen.

Gästin: Auf ihren Mann weisend.

Das sieht man doch.

Gastgeber: Ja, das sehe ich. Es macht sich nichts von selbst, weder Kleider noch Leute.

Gast: Hat nicht verstanden, legt Gastgeber freundschaftlich einen Arm um die Schulter, geht zum Sofa.

Ich danke dir mein Bester, dass du so an meinen Erfolg teilnimmst. Prost.

Gästin und Gastgeberin nehmen auf der anderen Seite der Bühne, am Esstisch Platz. Die Bühnenbeleuchtung erlischt langsam, zeitgleich Spot auf die beiden Frauen.

Gastgeberin: Wie geht es dir?

Gästin: Naja, es geht so.

Gastgeberin: Es geht so? Was liegt dir denn auf dem Herzen meine Liebe? Du hast doch alles. Geld, Vergangenheit, Einfluss. Wirst sehen mit deinem Namen wird dein Mann bald ganz oben stehen und nach unten sehen.

Gästin: Nach unten sehen? Um groß zu sein, muss man nicht auf einem Podest stehen.

Ist nicht die Liebe, das einzig Wahre?

Ich stehe hier – hoch oben –
und blicke hinab – auf mein Leben
warum - ist mir so kalt?

Ist es der Mond – der bleich sein Antlitz fletscht
ist es die Nacht – die mir mein Herz zerquetscht
ist es der Frost – der durch die Seele fährt
ist es der Sturm der meine Wege quert?

Nein
ich blicke hinab – dort unten ist Ruh`-
denn kalt – bist nur du.

Gastgeberin: Was meinst du damit?

Gästin: Nur einzig die Liebe selbst, ist der Ursprung für
ein erfülltes Leben.

Gastgeberin: Aber geh, lass den Kopf nicht hängen, mit deinem
Geld kannst du doch jeden haben.

Gästin: Ach das bisschen Geld. Geld macht einsam.
Manchmal wünschte ich, ich hätte keines. Ich
möchte keinen anderen, ich liebe meinen Mann.
Dem Geld kann man nicht trauen, dessen
Gesellschaft ist so flüchtig.

Gastgeberin: Die Liebe allein kann den Hunger nicht stillen.

Gästin: Ach meine Liebe, hast du eine Ahnung. Der Glanz
der Liebe ist viel wichtiger als der Glanz des Goldes.
Er hat halt seine Prioritäten, auch wenn er diese
nicht mit mir teilt. Er ist ein Suchender. Ich würde
ihm so gerne helfen sich selbst zu finden. Du hast
das Glück so einen Menschen gefunden zu haben.

Gastgeberin: Ich dachte immer, ihr helft euch gegenseitig?

Gästin: Der, der hilft doch nur sich selber. Und erotisch

spielt sich auch nichts mehr ab. Ich bin müde meine Liebe, müde ...

Der >Frauenspot< geht langsam aus, der >Männerspot< geht langsam an. Beide Damen gehen ins Schlafzimmer und ziehen sich im Stil der 80iger Jahre um. Gastgeber leert sein Glas zur Hälfte.

Gast: Noo, du machst ja einen ordentlicher Zug. Willst dich besaufen?

Gastgeber: Nein, entfliehen.

Gast: Wovor?

Gastgeber: Vor der Einsamkeit.

Gast: Vor der Einsamkeit? Und deine Frau? Wie sagst du immer: zynisch Der Hauch der Liebe durchdringt meine Seele.

Gastgeber: Glaubst du wirklich?

Wenn die Einsamkeit einen Namen hätte – dann würde sie meinen tragen,
wenn die Träne einen Weg suchen würde – dann würde er zu mir führen,
wenn ein Gefühl einen Riss in die Zeit setzen würde – dann würde sie mich einholen,
wenn ein Herz schlagen würde – dann nicht in meiner Brust.

Darum lass mich nicht zu lang` allein – denn

wenn deine Hand mich halten würde – dann würde ich sie nicht mehr fühlen,
wenn dein Blick mich treffen würde – dann würde ich ihn nicht mehr sehen,
wenn dein Kuss mich berühren würde – dann

56

würde ich ihn nicht mehr spüren,
denn der eisige Hauch der Einsamkeit –
verschlingt meine Liebe.

Und Sex will sie auch keinen mehr.

Gast: Dann geh ins Puff.

Reicht eine Visitenkarte.

Schau mein Bester, da hätt` ich einen heißen Tipp für dich – Janette. Sie ist sehr sprachbegabt, lässt keine Wünsche offen. Da, nimm schon. Sag du kommst von mir.

Gastgeber: Nein danke, behalt deine Janette. Ich habe im Leben noch nie für Sex bezahlt und das wird sich jetzt auch nicht ändern. Aber ich finde einfach keinen ehrlichen Ausweg. Sie zwingt mich ja förmlich mir eine Geliebte zu suchen. Ich halte das einfach nicht mehr aus. Ich werde das Gefühl nicht los, dass es ihr egal ist.

Gast: Na gut, dann eben nicht.

Gastgeber: *Nimmt wieder sein Glas.*

Wenigstens hab ich den hier. Der ist ehrlich, macht einem nichts vor. Das Leben ist hart aber ungerecht. Prost! Scheiß Liebe.

Gast: Hiineeein damit mein Bester!

Der >Männerspot< aus, der Zeitgeistspot an.

Zeitgeist: Harrisburg - Three Miles Island. Der erste Supergau ziviler Errungenschaften.

Zeitgeistspot aus, das Bühnenlicht an.

In weiterer Folge zollt der Alkoholkonsum, schleichend aber sicher Tribut.

Die beiden Damen kommen aus dem Schlafzimmer.

Gastgeberin: Worauf stoßt ihr an?

Gastgeber: Darauf, dass dein Mann ein ehrenhafter Vertreter des Volkes wird.

Gästin: Warten wir erst einmal ab. Macht, hat die Eigenschaft den Blick zu trüben. Es sei denn, sie ist in Verantwortung gebettet.

Gast: Nicht bei mir, meine Liebe, nicht bei mir. Ich werde ein heroischer Fels in der Brandung der Versuchung sein. Kein Flüstern des Geknechteten wird ungehört bleiben ...

Gastgeber: Unterbricht, lächelnd zu Gästin.
Sag, wie lange steht euer Vorzimmertisch schon schief. Marx schau obe.

Gast: Lacht nur, wenn ich erst im Vorstand bin, werden wir der Zeit eine neue Richtung weisen.

Gastgeber: Gespielt zackig Wieso im Vorstand Kamerad?

Gast: Die Zeiten werden härter, da muss man schon sehen, wo man bleibt. A` jeder braucht a bisserl a Hilfe. Blöd wärst, wennst das nicht ausnützt.
Mit seiner rechten Hand eine Aufwärtsbewegung, die Fluglinie eines aufsteigenden Flugzeuges nachvollziehend, nahe am Hitlergruß vorbei.
Es geht wieder aufwärts mein Bester.

Gastgeber: Wieso? Geht's uns so schlecht? Hoffentlich wird diese Richtung nicht wieder eine Richtung des Rückschritts.

Gast: Nein mein Bester - des Fortschritts. Der Patriotismus wird wieder leuchten, erstrahlen im neuen Glanz.

Gastgeber: In den Zeiten des Fortschritts sollte man darauf achten, nicht in den Gleichschritt zu verfallen. Mein Lieber, die Vergangenheit ist schon genug erleuchtet worden und manchem ist dabei zu heiß geworden. Es heißt aufzupassen. Weißt du, ich bin auch ein Patriot, aber oft genug steht der Patriotismus zwischen Idiotismus und Egoismus. Und der Neid und die Gier eilen voraus. Die Korruption formt auf jeder Seite ihre Patrioten.

Gast: Du sagst es ja selber mein Bester – Idiotismus. Darum haben wir die ehrenvolle Aufgabe, dem wahren Bürger den rechten Weg zu weisen.

Gästin: Die vielgepriesene, sogenannte Ehre. Was ist eigentlich ein wahrer Bürger?

Gast: Ein Bürger, der die wahren Werte des eigenen Volkes erkennt, hochhält um sie im Bedarfsfalle ehrenvoll zu verteidigen.

Gastgeber: Das hab ich schon einmal gehört - mit seinem Leben, wenn es notwendig erscheint. Wenn es nur das eigene wäre oder nur das jener, die auf dem Feld der Ehre federführend sind. Ohne Bauern würden die Oligarchen schnell wieder den Dialog finden.

Gastgeberin: Gastgeberin holte während der Polemik 4 Gläser mit Rotwein (silbernes Tablett) aus der Küche.

Haltet ein, lasst uns nicht über den Geist der Politik, sondern über den Geist des Lebens reden.

Gastgeber und Gästin nehmen sich ein Glas, Gastgeberin wendet sich Gast zu.

Nicht nur der Geist muss gefüttert werden.

Schickt Gast einen erotischen Kuss.

Anm. Ab jetzt wird nichts mehr weggeräumt, damit am Ende ein richtiger „Sauhaufen" bleibt.

Gastgeber: Du sagst es Liebling.

Gast:	Du hast recht, man soll das Leben genießen. Jeden Tag, als wär` es dein letzter. Zu Gastgeber Mein Bester, ich meins gut mit dir. Ich kenn da einen Kameraden aus unseren Reihen. Wennst willst, könnt ich dir helfen.

Alle stoßen an

Runter damit!

Alle:	Runter damit!

Gast legt Gastgeber freundschaftlich, versöhnlich einen Arm um seine Schultern. Das Quartett ist schon leicht angeheitert.

Gast:	Jetzt, wo wir auf dem Weg nach oben sind ...
Gastgeberin:	Aber nur, wenn mein Mann mit der Bim hinauf nach Grinzing fahrt.

Nimmt auf dem Weg in die Küche wieder eine Tablette ein, geht ab.

Gast:	Jetzt, auf dem Weg nach oben, sollten wir feiern.

In Rgt. Küche Wo bleibt der Champagner, jawohl.

Gastgeberin:	... kommt mit der Nachspeise in Händen aus der Küche, stellt sie irgendwo ab.

Und was mach ich mit der Nachspeise?

Gast:	Gast gar nicht mehr zimperlich, ausgelassen klopft er Gastgeberin mit der vollen Hand auf den Hintern.

Ach, ist doch wurscht, schick`s nach Afrika. Es wird Zeit für Champagner meine Liebe, für Champagner.

Er schiebt sie mit seiner Hand an ihrem Hintern, in die Küche, dann geht er zur Kommode, legt die 3. Kassette ein. Donauwalzer von Johann Strauß. Gastgeberin kommt mit zwei Flaschen Sekt aus der Küche. Gast ergreift Gastgeberin und tanzt mit ihr zum Sofa. Gastgeber besorgt unterdessen Sektgläser. Die beiden Tanzenden lassen sich auf`s Sofa fallen. Kurzer, lustvoller Aufschrei der Gastgeberin. Korken knallen, man schenkt ein. Gast verschüttet unabsichtlich etwas Sekt auf die Bluse der Gastgeberin.

Gastgeber und Gästin sind miteinander beschäftigt.

Gast: Oh Verzeihung, soll ich dir beim Ausziehen helfen?

Gastgeberin: Das hättest du wohl gerne.

Gast: Was?

Gastgeberin: Dass ich mich hier vor dir ausziehe.

Gast: Ja, warum eigentlich nicht?

Gastgeberin: Nimmt seine Hand und legt sie sich auf ihre Brust.

Und darum brauche ich etwas Passendes darunter.

Gast: Aber da passt ja alles!

Gastgeberin: Unschuldig, naiv.

In adäquater Verpackung noch viel besser ...

ihre Hand auf seinem Oberschenkel, vielversprechend.

... und dir vielleicht auch.

Gast: Du hast recht. Kinder, ich weiß was.

Springt auf, geht zur Kommode.

Zeitgeist: Ukraine, Tschernobyl. Der zweite Supergau des Menschen.

Gast. Kommt zurück mit einem Paket Schnapskarten.

Die Hüllen Tschernobyls sind gefallen ... und nun werden eure Hüllen fallen.

Gastgeberin: Und was bekomme ich dafür?

Gast: Eine Überraschung.

Gästin: Na also ich weiß nicht so recht ... und überhaupt, ich kann ja gar nicht Karten spielen.

Gast: Schatz, das ist ganz einfach. Wer die niedrigste Karte abhebt muss etwas ablegen.

Gastgeber: Wie im Leben.

Gästin. Nein, ich weiß nicht so recht.

Gast: Meine Liebe, es wird langsam Zeit, dass du die

61

	gestrenge Etikette ablegst.
Gästin:	Die Etikette?
Gast.	Ja, gleich mit deinen Kleidern, hahaha.... .

Alle lachen bis auf Gästin.

Z`aus bist doch auch nicht so gschamig.

Gästin: Lass das, zuhause ist zuhause.

Gastgeber: Reicht Gästin ein Sektglas.

Du wirst sehen, es ist nichts dabei. Lebe dein Leben, solange es noch geht.

Gästin: Zögernd Na gut, aber berühren ist verboten.

Gast: Die Hand auf dem Oberschenkel der Gastgeberin.

Dafür leg ich meine Hand ins Feuer.

Gastgeberin: Vergiss nicht, rechtzeitig die Glut zu löschen.

Gastgeber: Pathetisch, ergreift die Hand der Gästin.

Der Reinheit Glut der Liebe.

Gästin: Das hast du aber schön gesagt.

Beide stoßen an, trinken.

Na gut, aber ich bestimme wann Schluss ist.

Gastgeber: Schenkt ihr nach.

Natürlich, das Vorrecht der holden Weiblichkeit. Wir wollen euch doch nicht bloßstellen. Blick zu Gast. Oder?

Anm. Der Alkohol fordert immer mehr sein Recht.

Gästin: Ihr Männer denkt doch nur an das Eine.

Gastgeber: Ein Arm um Gast.

Genau, nur an das Eine. An die Freundschaft.

Gast: Auf die Bloßstellung.

Gastgeber: Auf die ganze Pracht der Natur.

Beide: Prost.

Trinken, klopfen sich gegenseitig, ihre Männlichkeit

bestätigend, auf die Schulter. (Bruder Alkohol, klopft ebenfalls fleißig mit) Stimmen ein Lied an.

Ein Freund, ein guuteer Freeuund - ist das Schöönstee waaas es gibt auf der Weelt...

Trinken aus.

Gästin: Männer!

Gastgeber: Männer sind auf dieser Welt, um euch Frauen zu beschützen.

Gastgeberin: Frauen auch.

Gastgeber: Frauen?

Gastgeberin: Ja, vor euch selber.

Gastgeber: Ach Schwachsinn. Unlängst hat mich so eine Frau in Uniform angehalten und meinte ich sei bei Rot in die Kreuzung gefahren.

Gast: Kamääraad scheiß auf Rot, is doch nur ein Kavaliersdelikt. Du siehst doch jeden Tag rot, waun`st mit da Bim foahrst.

Gastgeber: Schon wahr, bei Regen und bei Sturm.

Beide: Sich umarmend, singend, die Gläser schwingend.

Es fährt unserää Straaßenbaahn bei Sturmwind dahin ...

Beide trinken.

Gästin: Echauffiert, auch schon etwas angeheitert.

Mein Lieber, pass auf was du sagst, Contenance bewahren, Contenance.

Gast: Belustigt, zu Gastgeber

Ich weiß, die Etikette.

Sieht Gastgeberin auffällig in ihr Dekolleté.

Runter damit, Freiheit den vereinigten Etiketten.

Zu Gastgeber auffordernd, laut rufend, militant.

Aaabstimmuung – weer ist dafüa?

Beide: Reißen die Arme hoch.

Ich – ich.

Gast:	Gut, einstimmig beschlossen.
	Zu Gastgeberin, auffordernd.
	Also!
	Keinerlei Reaktion der Gastgeberin. Gast wendet sich wieder Gastgeber zu, lauter.
Gast:	Feeldwääbääl!
Gastgeber:	*Springt auf, nimmt, wenn auch schon etwas schwankend, Haltung an, salutiert.*
	Herr Oberführer.
Gast:	Das heißt Obersturmbannführer, Feeldwääbääl!
Gastgeber:	Jawohl Herr Obersturmbannführer.
Gast.	Schreiten sie zur Tat!
	Beide sehen auf Gastgeberin. Gastgeber noch immer salutierend. Gästin sitzt steif, ihr Glas verkrampft haltend, trinkt einen Schluck. Gastgeberin ruhig, nimmt die Beiden gar nicht ernst, deutet auf den Kartenstoß.
Gastgeberin:	Erst abheben.
Gast:	Abheben ? Aah, ja.
Gästin:	*Nachdenklich.* Es ist schon seltsam. Früher war ein Hüter des Gesetzes eine angesehene Persönlichkeit Die Leute auf der Straße ... man wechselte gerne ein paar freundliche Worte. Was ist nur aus uns und unserer Zeit geworden?
Gast:	*Immer enthemmter.* Hast recht, mein Besta. Früher zählte die Montur, die Uniform noch etwas. Oba heit – (*deutet mit einem Arm nach >draußen<*) – schau das au, de Tschuschn, die Knofelfresser und – und die Aubrotanan. Aber wirst sehn, die Zeiten ändern sich mein Besta, die Zeiten ändern sich. Bald herrscht wieda Zucht und Ordnung.
Gastgeber:	Red kan Blödsinn. Im Ausland bist ja auch ein Auslända. Und überhaupt – Vorsicht mein Bester –

	Voorsicht – es ist nur eine Frage der Zeit, wann der Jäger selbst zum Hasen wird.
Gast:	Aufauf ihr Hasen, hört ihr nicht den Jäger blas`n. Die Zeit wird`s scho richten.
Gästin:	*Sarkastisch.* Wie da Papa. Die Moral hält mit unserer schnelllebigen Zeit einfach nicht mehr mit. Komisch, früher war das nicht so.
Gastgeber:	Aber geh, es war schon immer so und wird auch immer so bleiben. Es war halt nur a bissl versteckter.
Gast:	Du träumst von früher, dann schau da ein paar alte Fotos an.
Gästin:	Du sei ganz ruhig, wennst dich nicht bald änderst, wird ein Foto das Einzige sein, dass du angreifen kannst. Dauernd will er von mir ein paar Nacktaufnahmen machen. Was willst denn damit? Willst du dir am Ende gar einen runter... *es ist ihr sichtlich peinlich,* ... oh – Verzeihung!
Gastgeberin:	... holen.
Gästin:	Wie bitte?
Gastgeberin:	Na einen runterholen, wolltest du sagen.
Gast:	Oda wichsen.
Gastgeber:	Oder sich einen zwirbeln. *Beide können sich kaum noch zurückhalten.*
Gast:	Oder sich einen obeewuzeeln. *Beide lachen.*
Gastgeberin:	Jetzt hörts endlich auf mit dem Blödsinn!
Gästin:	*Möchte vom Thema ablenken.* Apropos Foto, das erinnert mich an die Radarwarnungen im Radio.
Gast:	Was willst denn, is eh net schlecht, da weißt wenigsten wos`d ordentlich Gas geben kannst.

Gastgeberin: Bei einer Demonstration hat eine Demonstrantin neben mir, zu einem vor ihr stehenden Polizisten gesagt: Ihr Blick wirkt für mich körperverletzend. Es gab überhaupt keinen Grund dafür. Ich kann mir schon denken, dass man es in unseren Zeiten als Ordnungshüter nicht so leicht hat.

Gastgeber: Ein Lächeln ins Antlitz der Demokratie.

Gast: Reißen sie sich zusammen, Feldwebel. Ein Lächeln macht lächerlich, zeigt Schwäche. Wer lächelt hat schon verloren – jawohl.

Gastgeber: Und wer nicht lächelt zeigt nichts, außer seiner eigenen Schwäche – jawohl. Na sdorowje.

Alle: Na sdorowje.

Bis auf Gästin stellen alle die Gläser wieder auf den Tisch.

Gastgeber: Ergreift zärtlich die Hand von Gästin.

Warum bist du denn so verkrampft? Mein Gott, du hast ja ganz kalte Hände.

Versucht mit beiden Händen zu wärmen.

Entspann dich ein wenig, du brauchst nicht so verkrampft zu sein.

Gästin: Ins narrische Kastl starrend.

So fängt es immer an.

Gastgeber: Wie bitte?

Gästin: Obersturmbannführer – Feldwebel.

Gast: Das war doch nur ein Scherz.

Gästin: Ein Scherz, ich weiß, nur ein kleiner Scherz. Er wandelte durch unsere Ahnen, gradlinig in das Fleisch der nächsten Generationen. Der ewige Kampf Gut gegen Böse. Es ist immer gut, gegen das Böse zu kämpfen und zu wissen, dass das Böse dasselbe denkt. Bis die Reinkarnation des Friedens unser aller Herzen befreit. Wie sagte

	Marx: Bis die Philosophie unsere Welt beherrscht.
Gastgeber:	Aahh richtig, der Marx aus dem Vorzimmer.
Gast:	Schatzi, bist b´soffen?
Gästin:	Ja, vom Rausch der Gegenwart. Der Zeitgeist ist wieder einmal im Begriff den Käfig aufzusperren, indem der Ungeist lauert, um seine scharfen Krallen in das Blut der Unschuld zu stecken. Die Masse wird all die charismatischen Persönlich- keiten wieder blind hoch und höher leben lassen. Und wieder scheint es, dass die Welt des Scheins direkt in die Welt des Schattens scheint.
Gast:	Da hast du recht. Die Kameraden haben mich wissen lassen, dass ich gute Chancen habe in die Politik zu kommen. Dann werden die alten Fehler korrigiert, aausraadieert. Die Zeit schreit nach Veränderung.
Gästin:	Schatz, fühlst du keine Liebe?
Gast:	Liebe? Ja natürlich spüre ich Liebe in mir. Die Wurzeln der Liebe zur Heimat, die Liebe zu meinen Ahnen.
Gastgeber:	Grüß sie schön von mir.
Gast:	Wen?
Gastgeber:	Deine Ahnen. Du bist würdig ihnen die Hand zu reichen.
Gast:	Reicht Gastgeber im Unverständnis des Gemeinten, die Hand. Danke mein Bester, danke.
Gastgeber:	Bitte, denn mit deinem Aufstieg gibt´s keinen Abstand mehr zum Einstand ...
Gast:	Blick ins Dekollete der Gastgeberin. ...aber an Vorschuss zum Abschuss...
Gastgeberin:	... mit an Zuschuss zum Abschluss. Zu Gast Ich fühl mich so nackt.

Legt sich seine Hand auf ihr Dekollete.

Spürst du, wie kalt mir ist?

Gast: Ich spüre nicht nur die Hitze in mir aufsteigen.

Gastgeberin: Ich sehs du Armer, die Schweißperlen. Mit einer adäquaten Halskette würde mir auch ganz heiß werden.

Rückt näher, anschmiegsam.

Jetzt, wo du es geschafft hast, ist das doch ein Klacks für dich.

Legt seine Hände vorne auf ihre Brüste.

Es geht doch nichts über befriedigende Beziehungen.

Eine Hand des Gastes rutscht auf ihren Schoß. Eine Hand der Gastgeberin gebietet dem Einhalt, mit der anderen Hand streicht sie sich sinnlich über ihren Hals.

Gastgeberin: Erst abheben, oder ... ihre Hand gleitet auf seinen Schoß ... freikaufen.

Gast: Er versucht sie zu küssen, zudringlich. Sie weicht aus und schlägt die erste Karte auf.

Erst ein Kuss.

Gastgeberin: Erst ein Liebesbeweis.

Gast: Später.

Wird noch zudringlicher.

Gastgeberin: Nein, lass das.

Gastgeber: Unterbricht, knallt eine Karte auf den Tisch.

Kreuz, Kreuzkönig.

Gast: Gast lässt von Gastgeberin ab, sieht auf die Karte, hebt ab und knallt sie auf den Tisch.

Herzdame!

Fordernder Blick auf Gastgeberin.

Gastgeberin: Zu Gästin Und jetzt musst du eine Karte abheben.

Gästin: Ich? Ich habe das in meinem ganzen Leben noch

	nie gespielt.
Gastgeberin:	Da hast du aber so einiges versäumt. Es kann manchmal recht befreiend wirken.
Gastgeber:	Es kommt nur darauf an, ob uns die Karten hold sind.
Gästin:	Zögernd Na gut. Herz Ass. Ist das gut?
Gast:	Sehr gut.
Gastgeber:	Zu Gästin Naja, kommt auf die Sichtweise an.
Gast:	Zu Gastgeberin, auffordernd.
	Die ist doch in Ordnung – also ...
Gästin:	Und was passiert jetzt?
Gastgeber:	Meine Frau hat sich ihrer Weste zu entledigen.
Gast:	Runter mit der Panier.
	Anm. Panier – wienerisch für Kleidung
Gastgeber:	Los mein geliebter Schatz, lass die Bastion fallen, damit man sich in deinem Inneren verlieren kann.
	Geht ab ins Schlafzimmer.
Gast:	Ich habe nichts dagegen. Besser wär`n beide Bastionen. Zu Gastgeberin Da scheint ja noch viel zu viel Weiß durch.
Gastgeberin:	Was meinst?
Gast:	Beugt sich über ihren Oberkörper.
	Es ist viel zu wenig von deiner schwarzen Seele zu sehen. Auusziieheen!
	Gastgeber kommt aus dem Schlafzimmer, einen rauchenden Joint in der Hand. Er hörte das letzte Wort, im Hereinkommen.
Gast:	Ausziehen!
Beide:	Ausziehen, ausziehen!
	Gästin, die sich ruhig, dem Alkohol zusprechend, im Hintergrund gehalten hat, steht plötzlich vom Wein beflügelt auf und beginnt ihr Kostümoberteil ganz langsam aufzuknöpfen. Gast

und Gastgeber wenden sich nun Gästin zu, beide klatschen, feuern sie fröhlich erregt an. (Gastgeber den Joint im Mundwinkel)

Beide: Ausziehen, ausziehen!

Gastgeber legt den Joint ab.
Gast steht auf, das Klatschen geht in ein rhythmisches Stampfen über. Er stampft in die Küche, kommt gleich darauf wieder mit einer Flasche Wein zurück. Das unrhythmische Stampfen mutiert langsam zum 4/4 Takt. Die Männer stampfen aufeinander zu, legen beide einen Arm um die Schultern des anderen und marschieren im Stand im 4/4 Takt. Dazu singen sie laut, monoton militant, gemeinsam oder Solo. Die sonst eher prüde, schüchterne Gästin entledigt sich in der folgenden Gesangseinlage, gekonnt langsam und reizvoll ihres Kostüms (Oberteil & Hose od. Rock). Unter dieser prüden, klassischen Verpackung, kommt unerwartet, ein sehr verführerisches – erotisches Outfit zu Tage.
Das Lied klingt militant, wie bei den Marines.

Gast: (Blick auf Gästin)
              Ihr Kostüm find ich sehr schön ...
Gastgeber: ... es ist herrlich anzuseh`n.
Gast: Wenn daneben wär recht nett ...
Gastgeber: ... meine Frau liegt auf dem Bett ...
Beide: (Zeigen mit dem Zeigefinger aufeinander)
              ... deine Frau liegt auf dem Bett.
              Beide genehmigen sich, während sie im Rhythmus weiterstampfen, einen Schluck aus der Flasche.
Gastgeber: Edel und stets zugetan ...
Gast: lach ich mir die Nächste an ...
Gastgeber: denn das höchste ist die Frau ...
Gast: die mich ranlässt, ganz genau ...

Gastgeber:	die ich lieb ...

hört auf zu stampfen und zu singen. Blick auf Gästin (bereits ausgezogen), nachdenklich.

... wie mich.

Gastgeber begibt sich zu Gästin, fangen an zu knutschen. Gastgeberin sieht apathisch ins Publikum. Gast stampft noch besoffen ein wenig weiter, bis er merkt, dass er alleine ist. Er wankt in die Küche und kommt sogleich mit allem möglichen an Essbaren zum Esstisch zurück und beginnt wie ein Schwein zu essen. (Wichtig! Darunter befindet sich auch ein Achtel Glas Wasser) Gastgeber und Gästin sehen sich tief in die Augen. |
| Gästin: | Fühlst du die Liebe? |
| Gastgeber: | Mit jeder Faser meiner Seele.

Sie sehen sich noch einen Augenblick an. Die von Liebesentzug gezeichnete Gästin kann sich nicht mehr zurückhalten und stürzt sich, einem Vampir gleich, leidenschaftlich küssend, heißhungrig verzehrend auf Gastgeber. Beide sinken in innige Umarmung auf das Sofa, küssen und streicheln sich im Wechselspiel der Liebe und Leidenschaft. Dabei zieht sie ihm sein Hemd aus. |
| Gastgeberin: | Erwacht aus ihrer Lethargie, steht auf, zieht sich ihr Oberteil aus, geht zur Kommode und wirft sich eine Tablette ein. Danach setzt sie sich zum essenden Gast, trinkt gierig aus der Rotweinflasche, sieht den Gast der kurzzeitig sein Mahl unterbrochen hat, an. Sie nimmt mit zwei Fingern einen Batzen Schlagobers von der Nachspeise, schmiert es ihm um den Mund, er schnappt danach. Den Rest schleckt sie sich |

lasziv von den Fingern.

Schenk mir den Luxus den ich brauche und ich schenke dir den Himmel auf Erden.

Gast sieht sie, besoffen wir er ist kurz an, greift zur Weinflasche und gießt ihr Rotwein über den Kopf. (Anm. Nicht zu wenig, es muss an ihr herabrinnen. Die Erniedrigung muss spürbar sein, denn dieser folgt die Läuterung zum wahren Wert des Herzens.) Kurzer Blick auf Gast, danach nimmt sie das Glas Wasser und schüttet es ihm ins Gesicht. Er rülpst.

Gast: Wer braucht a Wasser, wenn's a an Wein gibt.

Trinkt. Gastgeberin steht auf beugt und übergibt sich. Gast der sich am Tisch festhalten muss, sieht hinunter, deutet darauf.

Geh, bring ma a Jausensackerl. Des schick ma in die 3te Welt. Damits was zum Fressen ham, ha ha ha ha ....

Gastgeber hat das Leid seiner Frau mitverfolgt. Da er sich aber in eine ungünstige Position manövriert, verliert er den Halt und fällt vom Sofa auf den Boden. Er rappelt sich wieder auf und stützt seine, noch immer nach vorne gebeugte Frau.

Gastgeber: Darf ich dir helfen mein Schatz.
Gastgeberin: Danke.

Geht ab in die Küche um sich wieder herzurichten.

Zeitgeist: Optional: Aussage der Gästin Anm. Bisher hat der Zeitgeist dem Publikum einen Orientierungspunkt, der im Stück gegenwertigen Zeit gegeben. Dies wäre eine Ausnahme.

König Krösus überschreitet mit seinen Heerscharen den Grenzfluss Hylas und überschreitet damit die Grenze des Friedens.

Gast:	Zu Gastgeber Scheiß di net au, mir san eh weit weg. Sei froh, san eh nur Ausländer. Was kann i dafür, wenn die für das Geld was wir ihnan schicken, net die Infra- die Infra - no wie heißts gschwind – struktur, sondern des Militär aufbauen. Aber eigentlich hams` ja recht, jeder muss einmal im Leben einen anständigen Krieg erleben. (Am. Auooage von Sokrates) Jawohl!
Gastgeber:	Was is bitte ums Verrecken, ein anständiger Krieg? Da ist es nur anständig am Leben zu bleiben - um jeden Preis. Naja - um fast jeden Preis. Sonst stirbt man im Frieden weiter … manche ein Leben lang. Im Krieg sowie im Frieden bleiben sie arme Ärsche und können nicht mehr zurück.
Gast:	Was, du sagst Arschloch zu mir?

Gast versetzt Gastgeber einen Faustschlag. Gastgeber geht zu Boden. In diesem Augenblick kommt die wiederhergestellte Gastgeberin die das letzte Szenario noch beobachten konnte, aus der Küche. Sie stürzt herein und hilft gemeinsam mit Gästin die ebenfalls zur Hilfe eilt, Gastgeber auf die Beine.

Gastgeberin:	Lass ihn los du Schwein! Sie versetzt ihm einen Stoß, sodass Gast sich wieder hinsetzen muss.
Gast:	Was willst denn von dem Verlierer? Ich werde dich auf Händen tragen. Greift nach ihr.
Gastgeberin:	Finger weg! Das Einzige was ich nicht ertrage bist du. Er hat mich wenigstens nie im Stich gelassen. Nachdenklich Es gibt doch nur einen Wert.

Sie nimmt seinen Kopf , küsst ihn. Die beiden Frauen helfen ihm zum Sofa, setzen sich. Gastgeberin wendet sich ein letztes Mal Gast zu, verachtungsvoll.

Gastgeberin: Du bist der eigentliche Versager.

Gast: Steht schwankend auf, sieht zu dem Trio, enttäuscht, hasserfüllt, zu Gästin.

Und du, fahr zur Hölle, du Judenschlampe!

Das Bühnenlicht erlischt langsam. Parallel dazu setzt ein Spot die Szene auf dem Sofa, in ein schummriges Licht. Im Halbdunkel begibt sich Gast in die Küche. (Zieht sich eine SS Jacke an, adäquate Kappe bei Wiedererscheinen in Händen) Die beiden Frauen kümmern sich liebevoll um Gastgeber.

Zeitgeist: In den Zeitgeist des amerikanischen Imperiums wurde ein duales Loch gerissen. Eine verachtungswürdige Wunde im Fleische der Menschlichkeit. Ein Stigma der Gegenwart, eingebrannt in unser aller Verantwortung in der Zukunft.

Toneinspielung: Das Einmarschieren von Truppen, also das Marschieren einer Vielzahl von Soldatenstiefeln. Die Drei auf der Couch amüsieren sich. Der Marsch ist zuerst langsam, kaum hörbar, ganz leise - immer lauter werdend. Es wird so lange marschiert bis Gast umgezogen ist. Optional: Es genügt ein SS-Jackett, Stiefel und Kappe. Dieser (nüchtern) begibt sich mit der SS-Kappe in der Hand, bühnenmittig nach vorne an den Bühnenrand. In strammer Pose, erlischt langsam der Spot beim Sofa. Zur gleichen Zeit erhellt langsam ein Spot den SS Obersturmbannführer. Theatralisch, pathetisch, grimmig. Er setzt sich in Pose und seine Kappe auf, schmetternd, überzeugend.

Gast: Es wird wieder Zeit – für einen totaleen Kriiieg!!!

Das Bühnenlicht geht aus – und dramaturgisch adäquat wieder an. Die Schauspieler formieren sich zu einer Reihe von links nach rechts: (Aus der

Sicht des Publikums) Gastgeberin Gastgeber, Zeitgeist (ein Schritt vor den Anderen), Gästin, Gast.

Der Zeitgeist: Das göttliche Leben hat Milliarden Jahre benötigt, um in einzigartiger Vielfalt zu erstrahlen. Und der Mensch in seiner lächerlich kurzen Evolution, ist mit seiner maßlosen Gier im Begriff, dies mit einem nihilistischen Augenzwinkern einfach wegzuwischen. Woher nimmt sich der Mensch das Recht, der Artenvielfalt die Existenz abzusprechen? Aber die Zeit lässt sich nicht betrügen, sie ist uns überlegen. Erst wenn wir, jeder für sich selbst, in Ehrfurcht vor der Schöpfung Verantwortung übernimmt, dürfen wir dem folgen mit dem wir als Ganzes, untrennbar verbunden sind.
„Lasst unsere Ahnen wieder mit Freuden auf unsere schöne Welt zurückkehren, denn >Hier gibt es keinen Tod, nur den Wechsel der Welten<“.
(Häuptling Seattle)
Ob der Mensch, die Menschheit, jemals dem Sinn der Philosophie gerecht wird? Aber er könnte mit seiner eigenen Versöhnung beginnen. Er könnte damit beginnen, seine Erfüllung zu finden und diese zu teilen, in der Erkenntnis, dass das Größte in der Weite des Kleinsten am besten zu erkennen ist. Wie heißt es im alten Testament, - >Liebe deinen Nächsten< - was es auch immer sei - >wie dich selbst<. Und in diesem Sinne rufen wir euch zu ....“

Einer nach dem anderen tritt vor. Danach befinden sich alle in einer Linie.

Gastgeberin: „Peace"   (verbeugt sich)

Gastgeber: „Paz"   (verbeugt sich)

Zeitgeist: „Paix"   (verbeugt sich)

Gast: „Schalom"   (verbeugt sich)

Zeitgeist: „tai pen"   (verbeugt sich) (Aussprache: tei ping)

Alle: „Pax vobiscum"   (alle verbeugen sich)

Ende

Anhang

Charakterbild der Darsteller

Da die Handlung des Stückes über viele Jahrzehnte reicht, ist eine ausführliche Beschreibung der sich wandelnden Charaktere notwendig.

Gastgeber

Profession: Abgebrochene höhere technische Ausbildung, Straßenbahn (vorerst in der Werkstatt), Straßenbahnfahrer, Beamter.
Religion: Röm./kath.
Politik: Widerstandskämpfer, gemäßigter Sozialdemokrat

Charakterisierung:
Widerstandskämpfer gegen Ende des Wk. II, im Grunde Pazifist, Philanthrop, Romantiker, gebildet, belesen, eloquent, aufgeschlossen, positives Denken, bedingt selbstsicher. Die Dinge hinterfragend, der Welt gegenüber nicht blauäugig, sondern kritisch. Leichte Naivität im Bezug auf das Gute im Menschen. Zufrieden mit den Dingen die er besitzt. Hedonismus ist für ihn kein Thema, will seine Ruhe und das Leben einfach nur genießen. Ärgert sich über die Dummheit der Menschen, Motto: „Das Unverständnis ist ein Privileg jener, die sich nicht die Zeit nehmen zu verstehen." Kann sich im Grunde keine Charakterlosigkeiten vorstellen, hat ein inneres Bestreben die Menschen zum Guten bekehren. Ist zufrieden mit den kleinen aber entscheidenden Dingen: Kuscheln, Liebe, Zuneigung, Sex. Da seine Frau nicht bereit ist, ihm dies zu geben, leidet er sehr darunter.

Glaubt kurzfristig an eine Läuterung des Gastes daher eine kurzzeitige Annäherung – bis es ihm zu viel wird und er zu den wahren Werten – zum Glauben – zurückfindet. Beruflich nicht sehr erfolgreich, hat auch keinen Ehrgeiz, kein Verlangen danach.

Bekleidung:
40iger Jahre: Zeitgenössische, leicht abgetragene Bekleidung, Kleidung und Accessoires sind farblich nicht abgestimmt
50iger Jahre: 1 zeitgenössisches Sakko
60iger Jahre: Zeitgenössische Bekleidung, 2ter Akt: adäquate Bekleidung im Stil der Flower-Power-Zeit
70iger Jahre bis Ende: Zeitgenössische Bekleidung

Gastgeberin

Profession: Hausfrau
Religion: Röm./kath.
Politik: Engagierte Sozialdemokratin, eher marxistisch eingestellt.

Charakterisierung:
Egoistisch, neidisch, geldgierig, Hang zum Hedonismus, frigid, spartanische Geborgenheits- und Sexualliebhaberin. Im Grunde nicht häuslich, hasst Hausarbeit.
Nützt die Zeit der Emanzipation um ihren Mann alle Schuld für die eigene Unzufriedenheit zu geben. Frustriert, da ihr Mann ihrer Meinung nach, beruflich zu wenig erreicht. Aufgrund der aufkommenden Frustration öfters in Meinungsopposition zu ihrem Mann. Für mehr Macht, Geld, Einfluss, Luxus würde sie sich gegebenenfalls prostituieren.

Bekleidung:
40iger Jahre: 1 elfenbeinfarbenes Unterkleid, 1 zeitgenössisches Kleid
50iger Jahre: Zeitgenössische Bekleidung
60iger Jahre: Zeitgenössische Bekleidung, 2ter Akt: Adäquate Bekleidung im Stil der Flower-Power-Zeit
70iger Jahre: Zeitgenössische, etwas extravagante Bekleidung
80iger Jahre bis Ende: Zeitgenössische Bekleidung

Gast

Profession: Aushilfe, Lagerarbeiter, Vorstand, politische
Tätigkeit.
Religion: Röm./kath.
Politik: Nationalsozialist, Christlich-Sozialer, Sozial-
demokrat. Im Herzen immer politisch radikal.

Charakterisierung:
Oberflächlich, stur, patriarchisch, schwarz-weiß Denken,
Misanthrop, Opportunist, Blender (Outfit, Accessoires usw...).
Kein Feingefühl, duldet keinerlei Kritik, Tatsachen negierend.
Eher einfacher Charakter, teilweise derbe, triviale Ausdrucksweise. Versucht eloquent zu wirken, dies misslingt bisweilen. In
hellen Momenten wird jedoch auch er, zu seiner eigenen Überraschung, von so manchem Geistesblitz gestreift. Sein wahres Ich
äußert sich durch sein martialisches Auftreten, dies dringt immer mehr in den Vordergrund. Er verdeckt, verdrängt anfänglich,
aufgrund seines Existenzkampfes, des Selbstschutzes, den
eigentlichen Urinstinkt seines wahren Seins, die Radikalität, mit
all ihren engstirnigen Formen. In der Zeit seiner Identitätskri-
se, seines inneren Vakuums, der in Fragestellung seiner verlo-
rengegangenen Zugehörigkeit, identifiziert er sich notgedrungen
für kurze Zeit mit dem Andersdenkenden, um im Fortlauf seines
Aufstieges, vorangetrieben durch seine alten Kameraden, seine
Minderwertigkeitskomplexe durch zunehmende Machtausübung,
vermeintlich zu kompensieren. Parallel mit dem Wechsel in den
Vorstand und in die Politik, also Machtposition, kommt allmäh-
lich wieder seine wahre Gesinnung zutage. Am Ende, obwohl mit
Erfolg und Macht ausgestattet, wird ihm plötzlich bewusst, dass
er ein verachtungswürdiges Subjekt war und ist.

Weil er aber in einem weiteren Verdrängungsprozess zu feig ist, sich vor sich selbst und den Kameraden gegenüber zu rechtfertigen, bleibt ihm gar keine andere Wahl, den einzigen Weg zu gehen, der für ihn möglich ist, den radikalsten Weg ...

Bekleidung:
40iger Jahre: Zeitgenössische Bekleidung, gut zusammenpassend
50iger Jahre: 1 zeitgenössisches Sakko
60iger Jahre: Zeitgenössische Bekleidung, 2ter Akt: 1 graues T-Shirt, 1 graue Hose, 1 Flower-Power Hemd
70iger Jahre bis Ende: Zeitgenössische Bekleidung.
Am Ende: SS – Uniform mit Kappe, optional nur SS – Jacke, Stiefel und Kappe.

Gästin

Profession: Hausfrau

Religion: Röm./kath.
Politik: Unpolitisch, jedoch die Politik aufmerksam, mit
            Sorge verfolgend.

Charakterisierung:
Eher introvertiert, romantisch, sensibel, häuslich. Typisch wienerisch- aristokratische Ausdrucksweise. Im Grunde hat sie einen guten, warmen Charakter, doch mit der Zeit frustriert, abgestumpfter, teilnahmsloser, zynischer. Ergibt sich bis kurz vor dem Ende des Stückes, brav ihrer Frauenrolle, obwohl sie einige Male versucht, ihrem Patriarchen Paroli zu bieten. Träumt jedoch insgeheim von einer anderen heilen Welt. Sehnsucht nach Liebe, Geborgenheit, teilweise auch nach sexueller Erfüllung. Angst vor dem Alleinsein.

Bekleidung:
40iger Jahre: Zeitgenössische Bekleidung im Stil einer Lady,
                 gut zusammenpassend
50iger Jahre: Zeitgenössische Bekleidung, ihrem Stande
                 adäquat
60iger Jahre: Zeitgenössische Bekleidung, 2ter Akt: 1 Flower-
                 Power-Blumenkranz
70iger Jahre: Zeitgenössische Bekleidung
80iger Jahre bis Ende: 1 elegantes, konservatives Kostüm,
                 darunter – verführerische Reizwäsche

Der Zeitgeist

Der Zeitgeist ist als Synonym zu sehen, der für die sich verändernde Zeit auftritt.

Er gibt dem Zuseher geschichtliche Anhaltspunkte, damit er erkennt in welcher Zeit sich die Protagonisten gerade befinden. Dieser Zeitraum reicht vom Ende des WK 2 bis in eine nahende Zukunft.
Bei seiner Aktivierung nimmt er den Hut ab. Bei Deaktivierung setzt er diesen wieder auf.
Wenn die Pausen zwischen den einzelnen Informationen zu lange dauern, ist es ihm jederzeit gestattet, die Bühne zu verlassen. Kurz vor der nächsten Ansage hat er natürlich seinen ursprünglichen Platz wieder einzunehmen.

Bekleidung:
Seine Erscheinung besteht schon ab Beginn aus einem tadellosen Anzug, Krawatte, Schuhe, Hut und einem weißen Hemd. Alles, bis auf das Hemd, ist in schwarz gehalten. So ist er nach Belieben, bei einem zumeist wohl schwarzen Hintergrund, fast unsichtbar oder durch entsprechende Beleuchtung, sichtbar.

Requisiten

Wohnzimmereinrichtung:

1 Sofaecke, 1 Couchtisch, 1 Esstisch, 4 Sessel, 1 Paravent,
1 Kleiderschrank, 1 Kommode, 1 Kleiderständer, 1 Schüssel
(auf der Kommode)

40iger Jahre:
1 Koffer mit ein paar Kleidungsstücken, Kaffeegeschirr für
4 Personen mit nicht zusammenpassenden Häferln, Teller,
Kanne usw., 1 mittelgroßes Silbertablett, 1ne dicke Zigarre,
4 einzelne Zigaretten, 1 Teller mit Keks, 1 Flasche Wodka,
4 Stamperl, 1 Paket (mit Lebensmittel, Getränken, Kondensmilch,
Champagner, Paket Kondome), 1 kleiner Kerzenständer mit
Kerze, 1 Paket Streichhölzer.

50iger Jahre:
1 Kofferplattenspieler, 2 Gläser, 1 Flasche Whiskey, Geschirr und
Besteck, Teekanne usw., 1 Schächtelchen mit weißen Tabletten
(Placebos)

Ab 60iger Jahre bis Ende:
1 Porzellansuppentopf und Schöpflöffel, 4 Eßlöffel, 4 Schnaps-
gläser, 1 Flasche Cognac (nach Belieben), 1 Korkenzieher,
1 Kerzenleuchter (3 – 5 Kerzen), 1 Paket Schnapskarten, 1 Kerzenständer (1 Kerze), 1 Glas Sodawasser, 3 Flaschen Rotwein,
Zigaretten, 1 Feuerzeug, Geschirr für die Hauptspeise: 1 Tablett
Brathendl, 1 große Schüssel Kartoffelsalat, 4 Salatschüsserln,
Servietten, Besteck usw., 1 kleines TV-Gerät.4 Teller od. Schüs-
serl für die Nachspeise (nach Belieben, jedoch mit Schlagobers).

Musik:

50iger Jahre: Eine „Beatnikplatte" nach Belieben.
Ende 60iger Jahre: Jimi Hendrix – Foxy Lady
70iger Jahre: Typische Discomusik nach Belieben.

Index

Pause

Charakterbild der Darsteller

Spiegelbilder
Theaterstück in 14 Szenen
112 Seiten
ISBN 978-3-7347-4409-9

Der Zeitgeist
Drama in 2 Akten
90 Seiten
ISBN 978-3-7347-4457-0